Los nietos
nos miran
La abuelitud a fines de milenio

Juana Rottenberg

Los nietos nos miran
La abuelitud a fines de milenio

Galerna

Diseño de Tapa:
Estudio Manela y Asociados

1ª Edición Julio 1999
2ª Edición Septiembre 1999
3ª Edición Octubre 1999
4ª Edición Octubre 1999
5ª Edición Octubre 1999
6ª Edición Noviembre 1999
7ª Edición Noviembre 1999
8ª Edición Diciembre 1999

ISBN: 950-556-394-9

© 1999 Galerna S.R.L.
    Lambaré 893, Buenos Aires, Argentina

Hecho el depósito que dispone la ley 11.723

Impreso en Argentina.

a Tomás, de quien aprendo la bendición de reír en voz alta

a Pablo, que me enseña lo que es ternura

a Federico, por los besos y los abrazos

a Camila, por ser la encarnación de la alegría

a Candela, que me permitió volver a hacer una mamadera

a Soledad, que me impulsó a re-descubrir los viejos

nombres de los nuevos afectos

Doy gracias de corazón:

a Miguel, por las semillitas.
a Carlos, Rosita y Daniela por hacerme abuela.
a Marta Berlín, por su confianza y estímulo.
a Badi, por acompañarme martes tras martes con genero-
sidad sin límites.
a Norma, por su contención y porque me ayudó a desente-
rrar lo oculto, con su sonrisa de ojos grandes.
a los Grupos de Adultos Mayores que coordiné en la Prime-
ra Escuela de Psicología Social del Dr. Enrique Pichon
Riviere, con quienes hice mis primeras experiencias sobre
abuelitud.
a Fanny y Jaime, por brindar su casa.
a Elvira Meister, por acudir a mis llamados.
a Hilda, por su compañía.
a Graciela González, Rita Mighella, Megui Gaguei y Raquel
Varsky, por sus aportes desinteresados.
a Elma, por asentir con el corazón.
Y a todas las personas que brindaron sus vivencias e
historias de vida.

Prólogo

Nuestros abuelos bajaron de los barcos y, tal como nos repetía la maestra, convirtieron a este país en un "crisol de razas". Fue así que nosotros, los que hoy somos –o estamos en condiciones de ser– abuelos, crecimos arrullados por relatos de aquella Europa lejana, partera del *nono* y de la *bobe*, de la paella y el strudel. Había tiempo y cercanía para aquellos relatos y sabores: sin abuelas que trabajaran fuera del hogar, ni abuelos que asistieran a un curso para la tercera edad, fuimos abonando el modelo de la viejita de rodete blanco y el patriarca bigotón. Pero entonces llegó la tele y el control remoto, el divorcio y los nuevos vínculos, la idolatría de "lo joven" y el *fast food*. Y sobre todo, está llegando el escozor del fin de milenio. No sólo Europa, sino cualquier otro lugar del planeta es ya lejano o ajeno: los nietos nos lo acercan por Internet. ¿Dónde quedaron rodetes y patriarcas? ¿Qué se hizo de aquel modelo? ¿En qué mundo nos tocó ejercer el abuelazgo?

Juana Rottenberg es una abuela de hoy. Y se lanza a buscar respuestas con la humildad y el coraje existencial de bucear en las propias experiencias y en las ajenas. Su libro testimonia un camino sin atajos: el dolor y el goce, las preguntas abiertas, el abanico multicolor de lo humano están presentes aquí más allá de todo estereotipo. Desde la vulnerable intimidad que se crea entre las dos puntas de la vida, hasta las conmovedoras historias de geriátrico, pasando por la mirada de un "nieto de la calle" o el imprescindible relato de una Abuela de la Plaza. Detrás de este caleidoscopio –cuyas figuras cambiantes rescatan ideas, emociones y poesía de vida– hay muchas horas de trabajo y compromiso con un tema al que la sociedad mediática suele destinar escasa atención, concentrada en la denuncia sensiblera o la pintura irreal de abuelitos de cartón.

Los abuelos y abuelas de estas páginas son, por el contrario, de carne y hueso, sueños, cuestionamientos y amor. De la mano generosa de Juanita, de su corazón abierto, manan presencias vibrantes y necesarias. Que sus vidas hablen, entonces. Y que nosotros, sus afortunados lectores, sepamos aprovechar la sabiduría que traen.

Norma Osnajanski

Otra mirada sobre el libro

Leo el texto que me alcanza Juana Rottenberg y no puedo dejar de preguntarme. ¿Es esto una biografía emocional?

– Sí, seguro que lo es, ya que la conexión de hechos singulares y únicos sobre sus vivencias y las de otro, es el hilo con que teje sus relatos...

Dice sin miramientos y gran familiaridad: – "A mí me pasa ésto". Y sucede que, como una gran sinapsis asociativa, ella pasa de un sentimiento a otro sin rebusques, con la clara asimetría de la asociación libre, aquella que satisface, igual que cuando se hojea algún álbum fotográfico.

Sus emociones son así y no de otra manera. No hay poses, no están "producidas", como dicen en los estudios televisivos. Son instantáneas sacadas de los recursos del corazón.

Lo que remite sin dilación a la pregunta, ¿y a mí qué me pasa cuando leo esto? Ya se sabe, cuando uno se acerca a la fuente de la emoción, se salpica y tal vez el placer sea precisamente ése. Cuerpo y piel húmedos de mi propia historia, esas huellas indelebles que marcaron la vida.

Pude reflexionar en el texto y no sobre el texto. Cuando ella cede la pluma, como se decía antes, y hablan otras voces, no con recursos literarios sino también desde la sencillez de la vivencia, sentí que esa generosidad era importante porque pudo haber sido silencio transmitir algo desde la eterna realidd humana de caminar sobre la tierra.

En el plano mental, que por vicio siempre se mete a interpretar, pensé: la **abuelitud,** esa juventud de abuela, rompe la barrera del Edipo liberando de culpas y reproches con que se castiga y premia el oficio de ser padres.

No voy a pasar por el psicoanálisis, porque de eso todo el mundo habrá tenido su correcta dosis, pero sí voy a decir que el rol de ser abuelos permite acceder al usufructo del amor de nuestros nietos en condominio; lo que afectivamente es mucho mejor.

Como siempre la clave me la dio mi nieta (cuatro años) cuando, me dijo después de un día de zoológico y Mac Donalds: –"¿Ya estás cansada, Abuela? ¿ahora tomamos un taxi y me vas a devolver?"

Martha Berlin

A quienes lean este libro

Escribir desde lo vivencial significa un alto compromiso. Es un jugarse, un mostrarse. ¿Qué escribí y qué me olvidé de tomar en cuenta? ¿De quién me olvidé? ¿Qué pensarán mis hijos? ¿Qué sentirán mis yernos y mi nuera? ¿Qué esperarán encontrar? ¿De quiénes hubieran querido que escribiera? ¿De mis nietos, de lo que siento en relación a ellos? ¿A quién dediqué más y a quién menos en este libro sobre la abuelitud?

Es realmente una hermosa y ardua tarea.

Me he dejado llevar por mis sentimientos y éste es el producto.

Trabajo difícil ponerle palabras a los afectos. Cuando de eso se trata, es importante tener la distancia suficiente para pensar, sentir y escribir sin involucrarse emocionalmente. A pesar de todas las dificultades estoy plena de dicha por haber podido concretar este anhelo, que me llevó varios años pensar y el último, escribir.

Al principio me asustó no haber encontrado bibliografía sobre el vínculo abuelos-nietos. ¿En qué me apoyaría?

13

Así fue como nació la idea de recurrir a otras experiencias, no sólo las mías. Hice entrevistas, recogí relatos, reuní cartas de nietos a abuelos, dibujos, canciones... Fueron recursos para satisfacer mi proyecto deseado y al mismo tiempo, temido.

Permanentemente busqué la identificación con otros abuelos, la forma más dinámica de compartir con ellos estas vivencias, sin más pretensiones que las de repensar lo que el amor entre abuelos y nietos significa en una vida.

Sugiero y deseo, para los abuelos que quieran y puedan hacerlo, que traten de apartar los "no", se acomoden en la silla y papel y lapicera en mano y escriban lo que sientan.

Eso mismo hice yo.

Juana Rottenberg

Mi bisabuela Pichona

Te veo sentada en la cama del hospital, tu pelito arreglado con un rodete en la nuca y apoyada sobre los almohadones con fundas blancas. Tu piel también es blanca y está arrugada, pero me gustás igual, porque te veo linda. Te imagino muy sensual cuando joven, quizás en Polonia.

Esas manos de dedos retorcidos por un dolor que nunca me contaste pero que yo presentía, descansan sobre la sábana, tan blanca como ellas.

El cuarto donde estás queda al final de la sala grande. Presiento que me estás esperando. Cuando me acerco a besarte tu "perita" —como yo siempre llamo a tu barbilla— me roza suavemente.

No tenés dientes, pero qué linda que es tu cara, qué linda tu boca a pesar de que no tiene dientes. Hoy, pasados tantos años, me resulta difícil entender que una boca sin dientes me pudiera parecer linda.

Mi abuelo Mordoqueo

Mi abuelo materno era un judío polaco, a quien nunca vi viejo; su aspecto no delataba los años que tenía. Lo recuerdo caminando siempre muy rápido; daba pasos cortitos, tipo Chaplin, con su pantalón muy arriba de la cintura, tomado por tiradores, lo que hacía que se le vieran los zoquetes al caminar. Y él caminaba mucho: iba de feria en feria. A una, a buscar un centenar de naranjas. A otra, a comprar el cuarto de pollo para hacer caldo y comerlo con los fideos que la abuela amasaba diariamente.

También conservo clara en la memoria aquella bolsita de red que él usaba para ir a la feria o al mercado. Tomaba el tranvía 40, que tenía su parada en La Recova, en el Matadero, y se iba hasta el mercado Del Progreso, en Caballito, a comprar un pescado fresco. Volvía con ese solitario pescado y a mis ojos de niña les parecía ver cómo el bicho se movía vivo entre los hilos de la red. El lo colocaba orgulloso sobre la mesa de la cocina y pocas veces tenía yo ocasión de verlo tan feliz como en esos momentos, en que me enseñaba el motivo de su orgullo: levantaba las branquias para señalarme el color rojo que allí anidaba, luego exhibía el brillo de los ojos en el animal y, finalmente, tocaba la carne firme. Sí: ¡él sabía elegir un buen pescado fresco!

Irascible, escasamente demostrativo del afecto, el abuelo no se llevaba bien con mucha gente y tampoco con mis padres. Cada vez que visitábamos su casa, yo sentía que él también estaba enojado conmigo. Jamás se agachaba para recibir un saludo. Yo me ponía en puntitas de pie y apenas si alcanzaba a rozar su barba pinchuda, cuyo contacto áspero aún me duele.

Fue el mismo abuelo, poco cariñoso, de mal carácter, el que me hizo conocer el placer por el teatro, placer que en la actualidad yo también me descubro transmitiéndole a mis nietos. Cuando yo tenía siete años me llevó a ver una obra en idish, interpretada por la Compañía del famoso teatro judío de Norteamérica de Jankef Ben Ami. Como no tenía dinero para las entradas, había comprado sólo dos y yo vi toda la obra sentada sobre sus rodillas. Tal vez con esa cercanía me estaba dando un calor que de otro modo no podía.

Lo que me aterrorizaba de él eran sus "sheltn" o "clules" (tal como los judíos llaman a las maldiciones).

El maldecía a diestra y siniestra y yo presentía que esas palabras dichas con tanto rencor, caerían como un rayo mortífero sobre sus destinatarios. Mi mayor temor surgía cuando lo escuchaba maldecir a mi abuela. El solía interesarse por la salud de ella, estaba atento a que no hiciera esfuerzos físicos y se ocupaba de hacer los mandados para que la abuela no se fatigara al caminar. Entonces ¿por qué tanto enojo? ¿por qué esas maldiciones? ¿Qué les pasaría a los mayores con esos "sheltn" que a mí tanto me espantaban?

En la madurez de mi vida he ido encontrando respuesta a éstos y a otros interrogantes. Hoy puedo comprender a mi abuelo.

Fue un inmigrante como tantos, que llegó solo a la Argentina, a "hacer la América", porque algunos familiares que ya estaban viviendo en este país le escribían diciendo: "no podés ni siquiera imaginar lo que es este paraíso, estás sentado en el patio de tu casa y los racimos de uva con las que después hacés tu propio vino, caen sobre tu cabeza. Esto es un "vaingurtn" (jardín de vides).

Y mi abuelo llegó a este "vaingurtn". No conocía el idioma, ni nunca lo llegó a dominar. Compartió un cuarto con varios paisanos de su pueblo, en un barrio de calles de barro, se compró una horma de hierro y se convirtió en zapatero. Al cabo de un año volvió a Polonia, donde había dejado a su mujer y a sus tres hijos. Tiempo después, volvió solo con su mujer a la Argentina, dejando a los hijos en Europa hasta poder acomodarse en este país, tener una pieza, una cocina, un baño compartido y recién ahí traer a los hijos para estar todos juntos.

Armó una familia de gente trabajadora: el hijo trabajaba de sastre, una hija en el frigorífico "Swift" y la menor era costurera. Mi abuela trabajaba en la casa y él en su pequeño taller, donde entre arreglo y arreglo, aprendía a tomar los mates que ella le cebaba. El colocaba el zapato sobre la horma, se tiraba un montón de clavitos chiquitos en la boca (los llamados "semillitas") y los iba escupiendo de a uno entre sus dedos, los acomodaba sobre la mediasuela del zapato y con un golpe seco del martillo iban entrando uno detrás de otro. Era cumplidor, un hombre de palabra, que no se vio recompensado en su esfuerzo. Las injusticias, el no reconocimiento de los demás, las dificultades para conseguir un mejor trabajo, el no poder progresar económicamente, fueron haciendo de él una persona insatisfecha y resentida.

De todo esto me doy cuenta ahora, cuando puedo imaginar su soledad de joven, la lejanía del pueblo natal y la familia de origen, el maltrato de los que él llamaba sus "malos patrones" y a quienes también maldecía... En definitiva, percibo la frustración de ese hombre que vino en busca de un "vaingurtn" que nunca encontró.

Ese hombre fue mi abuelo, con todas sus limitaciones y también con la herencia que me dejó: como ser una persona de bien, de palabra y responsable. Hoy lo recuerdo con alegría y lo reconozco en mí cada vez que, inexplicablemente, me siento atraída por un gran pescado fresco en la vidriera de una pescadería.

La bube

Hice abuela a mi mamá cuando ella tenía 40 años. Sé que con ningún regalo la hice más feliz. Con su primer nieto, le di a mi madre los ojos de su Polonia natal y la continuidad de su familia, signada por un mundo de inmigrantes y emigrantes que casi nunca vuelven a reunirse.

Aquel año, aquel día, aquella vez de mi juventud en que había plantado el árbol y parido el hijo, yo era aún más hija que madre. Pero comencé a saber lo que mamá sentía como mamá y se potenció mi comprensión hacia ella, que a partir de entonces no fue sólo mi madre, sino también la abuela de mi hijo.

Se abrió entre nosotras un espacio nuevo y distinto para opinar, acordar y disentir. Hubo encuentros y desencuentros y también episodios misteriosos. ¿Por qué vomitaba Carlitos luego de tomar las mamaderas que le preparaba su abuela? El pediatra se encargó de develar lo que estaba sucediendo: resultó que mi madre no respetaba las medidas de leche en polvo al ras, sino que colmaba en exceso cada cucharita. Yo me la imaginé como un albañil que cargaba en su pala el mejor y más abundante alimento para "construir" a ese nieto que era su mejor obra. El vínculo que se dio entre ellos fue maravilloso. Carlos amó y sigue amando entrañablemente, aún hoy que ya no está, a su Bube, como la llamamos todos.

La felicidad sencilla

Nora Cárpena es actriz. Tiene 3 nietos.

— **¿Habías soñado desde jovencita con ser abuela?**

— Bueno, yo tengo dos hijas: Lorena y Nachi. La mayor quedó embarazada primero. Yo no me había planteado la necesidad de ser abuela. Tampoco me había planteado el ser madre. Tenía 20 años, era muy joven, empezaba una carrera. Quedé embarazada, estaba muy chocha y quería tener un hijo con este hombre, más que por el hijo en sí. Estaba contenta y feliz.

Cuando nació Lorena, por algún tiempo la sentí como una hermana porque yo estaba acostumbrada a Claudia, a mi hermana Claudia, a la que le llevo 12 años. Y cuando supe que mi hija estaba embarazada fue para mí muy raro... Le preguntaba ¿estás segura? Porque en mi época no existía el test casero... no creía mucho en esa prueba e insistía... ¿Te parece? ¿estarás embarazada? En realidad, yo quería que fuera el médico el que lo dijera. Estaba tan ansiosa porque fuera cierto que quería que me lo confirmaran profesionalmente.

— **Contáme tus sentimientos de entonces.**

— Uno sabe que va a tener un nieto, pero hasta que no lo ves no empezás a sentir, tiene que tomar forma dentro tuyo el sentimiento de que vas a ser abuela. Yo escuché decir que a los nietos se los quiere más que a los hijos. No estoy de acuerdo. El amor al chico, es por el amor a los hijos. Cuando me entero de que alguien ha perdido un nieto, pienso en cuánto dolor sentirá esa persona, pero cuando pienso en la pérdida de un hijo, siento que es insoportable.

— **¿Qué sentiste en el momento en que tu hija estaba de parto?**

— Cuando nuestra hija va a parir, las sensaciones y las emociones se hacen más intensas. Una, como mujer, revive aquella vez que fue madre y físicamente sabe cosas que son las que se sintieron cuando nuestra hija, que ahora va a ser madre, nos salió de adentro.

Te cuento: cuando la internamos a Lorena yo quería estar presente y acompañar todo el parto. Les dije a ella y a mi yerno que hicieran su voluntad, que si querían estar solos estuvieran solos. Pero también creía que no tenía derecho a privarme de compartir la felicidad de ese momento.

Yo estuve aparentemente muy tranquila. Cuando llevaron a Lorena para hacerle la cesárea (*se emociona y llora*) me acuerdo que me acuclillé. Busqué esa posición. No fue consciente. Estuve largo rato en esa posición y cuando me quise levantar, no pude hacerlo sola.

— **Ayudaste a pujar...**

— Evidentemente, me pasó una cosa muy especial: pensé que en el futuro sería muy difícil que se me repitiera ese sentimiento tan grandioso.

— **¿Qué pasa con el público? ¿Lo sentiste próxi-**

mo a vos?

— Te cuento. Yo nunca fui una actriz boom. A la gente la tuve siempre muy cerca. Cuando tuve a Lorena, me dejaban regalos. No fui una actriz a quien la gente se matara por verla. Con la histeria que suele verse por otros actores. Nunca tuve veinte mil personas a mi alrededor y jamás me agredieron. Ahora, que salgo con mis nietos, sobre todo con el mayor, a pasear, a almorzar, muy seguido, la gente me mira, sonríe, me saluda y algunos dicen qué lindo su nieto.

— ¿Qué pasa con tus nietos cuando te ven actuando?

— Federico me vio en el teatro. Está acostumbrado. No le llama la atención a ninguno. Federico siempre quería ver Brujas, pero nunca la pudo ver... Me quería ver vestida de novia, porque para él, cualquier vestido largo es un vestido de novia y yo en Brujas uso un vestido largo. Fede va a los camarines porque su papá también es actor y todo eso es para él parte de su vida y de su familia.

— ¿Qué pasa con la abuela Nora que, además, es actriz?

— El año pasado, en un programa que hice en ATC, un actor me dio un beso en la boca y Federico me preguntó por qué lo besaba si no era "el memo" (a su abuelo Guillermo lo llama memo). De paso te digo que Guillermo tenía mucha ganas de ser abuelo, se lo planteaba y lo planeaba.

— ¿A todos tus nietos los querés por igual?

— Quiero muchísimos a los tres. Es un ping pong: uno es cariñoso y el afecto va y viene. Uno corre igual por cualquier cosa que a cualquiera de ellos les ocurre. Pero en mi caso, como tuve hijas y nietas, el único varón es como novedoso para mí. Y encima es el primero.

Mi hermana tiene tres hijos, quiero muchísimo a los tres y una de ellas, la de 17, la mayor, es para mí igual que una nieta, quizás por la gran diferencia de edad entre mi hermana y yo.

— **Si tenés tantas horas ocupadas ¿cómo hacés para reemplazar la cantidad por la calidad?**

— Salgo a almorzar con Federico y mi marido. Las nenas son chiquitas todavía. Los intereses de los tres son diferentes. Las nenas se quedan mucho en casa, las traen de la guardería, se bañan, juegan, nos esperan. Los miércoles no tomo jamás ningún compromiso. Voy a buscar a Fede y pasamos juntos el día entero. Los viernes, Fede hace su rutina con los abuelos paternos. Todos vienen a casa aún no estando yo. Está la señora que me ayudó a criar a mis hijas y que ha terminado siendo realmente una bisabuela para mis nietos.

– **¿Querés ser una abuela joven para tus nietos? ¿ Qué tiene que ver la cirugía plástica que te hiciste con ese deseo?**

— No sé. Esta cirugía de ahora la viví un poco con culpa porque después de la operación no podía levantar a las nenas y a mí me gusta tenerlas en brazos. Además, mis chicas también me hicieron sentir esa culpa. Decían ¿para qué querés estar tan flaca? ¿para qué te vas a exponer a una cirugía sabiendo encima que no vas a poder alzar a los chicos por mucho tiempo? Pero yo tenía muchas ganas de operarme. Soy tan feliz así...

— **¿Qué recuerdos de nieta tenés?**

— Y, por ejemplo, que fue mi abuela Estefanía la que se atrevió a contarme que yo tenía una hermana que vivía en Mar del Plata. Cuando mi papá tenía 18 años nació Elba, de la pareja que él tenía y con la que nunca se casó. Pero eso sí, le dio el apellido Cárpena.

Yo tenía 10 años y me había criado como hija única... Hasta que mi abuela me habló de la existencia de Elba. Me encantó tener una hermana y a partir de entonces tenemos ella y yo una muy buena relación. La abuela Estefanía era muy brava, muy autoritaria. Le gustaba jugar a la ruleta en el Casino, ni te cuento cómo y cuánto... Murió a mi lado, en la cama que compartimos esa noche que me quedé con ella en su casa. Me levanté para irme al Conservatorio, y cuando fui a darle un beso, estaba muerta.

Cuando Guillermo y yo nos enamoramos y decidimos vivir juntos, hubo un cierto revuelo familiar. Yo tenía 18 años, entonces recuerdo que la abuela Estefanía me dijo: "vos hacé tu vida... porque el día de mañana nadie te va a arreglar tu felicidad, ellos no te van a solucionar la vida".

De mi abuela materna también tengo mis lindos recuerdos. Le decíamos Iaia, que en catalán y valenciano significa abuela. La costumbre continuó. A mí también me dicen Iaia desde que mis hijas me hicieron abuela. La abuela Iaia vivía con nosotros en Quilmes, mi mamá era actriz, así que ella pasaba mucho tiempo con nosotros. Fue una mujer nucleadora, todo ternura. Cuando murió, la familia se dispersó.

— ¿Qué modificaciones hubo en tu pareja cuando fueron abuelos?

— Charlamos de los nietos, mucho. El paso del tiempo influye. Los acontecimientos que van pasando se van acumulando y también influyen. Los cambios físicos se producen y los tenés que absorber. Te vas enriqueciendo... y la pareja se va acercando o separando. A mí me parece difícil romper ese diálogo. No sólo el del amor. Hablo de un diálogo que es el de la vida misma, de todo lo que en ella nos ocurre. A veces pienso en cosas de la vida, a veces tengo mis miedos... pero después pienso: vivamos la felicidad de este momento, la felicidad sencilla. Por ejemplo, ir a comer con Guillermo y con Fede.

Gastón

Esta historia me la contó Alejandro, médico geriatra, y elijo transcribirla tal cual la relató.

"Josefa tiene 89 años; una artrosis grave la limita para caminar, pero ella se apoya en un bastón trípode y por nada del mundo se pierde sus paseos semanales con Gastón. Suelo verlos caminando despacito, rumbo a una confitería cercana al geriátrico. Es notoria la paciencia con que ese chico, que no supera los 17 años, acompasa su caminar al de la anciana.

Josefa tiene dos hijos varones. El mayor es introvertido y distante, y el menor, con su medio siglo de edad a bordo de una descomunal moto, parece que ha decidido no crecer. Ninguno de ellos, viene a visitarla, a excepción de las ruidosas apariciones del hijo menor, cuando nos alcanza la cuota de la cooperadora del geriátrico, que es municipal. También tiene Josefa siete nietos, pero ninguno de ellos se ha acercado en los últimos dos años.

Gastón es distinto, y es uno de sus tres bisnietos. El sí viene; le interesa de verdad compartir su vida con Josefa, y seguramente escuchar los relatos de la vida de ella, una mujer que trabajó de enfermera hasta los 70 años, haciéndose cargo sin claudicaciones de esos hijos a los que parió de soltera.

Gastón está terminando la secundaria en la escuela de Aviación de Morón; quiere ser aviador con todas las de la ley. Dice —cómo no creerle— que cuando se reciba va a compartir su bautismo de vuelo con 'la bisa Josefa'. Josefa lo escucha y asiente con orgullo.

Siempre me pregunto cómo es que ocurren estas cosas, qué es lo que impulsa a un chico de 17 años a saltar por sobre el desamor de dos generaciones para acompañar a su bisabuela, y emocionar a alguien como yo, que aún curtido como estoy en estas lides, no puedo dejar de agradecerle tamaña lección de grandeza."

Mi primer amor

*Lo que sigue es el cuento escrito por
Valeria Bonanato, Claudia Rosa y Claudia Silvia
(del Instituto A. M. Hilarios de Olmos), a partir
de una historia verídica contada por el abuelo Mario,
del Hogar Long Life.
Este cuento resultó premiado en un consenso
organizado por Pami entre alumnos
de colegios secundarios.*

"Tenía dieciocho años y se llamaba Delia. Yo, en cambio veinte. Fue mi primer amor.

Mi impaciencia sentimental la veía todos los días: éramos vecinos y es preciso acatar la Providencia. Yo, en ese entonces, no sabía expresar lo que sentía. Pero mi amor obraba, le compraba las mejores flores, que yo entregaba con un gesto simple. Ella las acariciaba con un muchas gracias insensible, y luego miraba hacia un lado cualquiera, cualquiera menos en donde yo, en actitud contemplativa quedaba silencioso.

Era muy desgraciado, un día, mi amigo más íntimo me comunicó que la quería. Lo escuché en silencio. Me sentí fracasar, mi amigo era un muchacho inmensamente grande. Además, sus hermanas, cariñosas agasajaban a Delia.

Contra lo que afirmaban los filósofos estoicos, la abnegación no nos trae la felicidad, y yo seguí siendo muy desgraciado. Como suele ocurrir cuando el presente no es sino una enorme pena, me refugiaba en la esperanza: así se llamaba la felicidad que descontaba al porvenir. Esperanza... Aquello no podría durar para siempre porque un día seríamos felices, nos casaríamos y seguiríamos siendo felices.

En mi afán de servirla y para poder estar más cerca de ella me hice amigo de su hermanito.

Eramos seis hermanos, cinco de los cuales eran mujeres y yo por ser el único varón, el más mimado. Mis padres no aceptaban mis sentimientos, por ser Delia, según la consideraban ellos "poca cosa" y por lo tanto no merecedora de un muchacho como yo.

Para que ella no me ignorara era preciso un suceso extraordinario, una hazaña en la que yo hiciera de héroe. Sin tratar de ser un Nerón, soñé con grandes llamaradas, de esas que todo lo purifican porque lo iluminan todo. Sí, llegué a convencerme de lo ventajoso que sería un incendio en la casa de Delia, estallado, claro está, en la debida oportunidad para ser yo su descubridor. Mi plan sería: poder llegar antes que nadie; penetrar en medio del humo; avanzar hasta donde ella, desvanecida, sólo esperaba la muerte; cargarla en mis brazos y salvarla. Cuando planeaba este sueño frente al espejo pensaba en la conveniencia de que el humo fuese leve, el cuerpo de ella, liviano, y mis brazos, en cambio, largos y recios. Dispuesto a pedir un incendio a medida y, por qué no, encargarlo con detalles.

Y bien, la oportunidad hazañosa se produjo, sin llamas, pero con toda la expectativa deseable.

Una noche, el piso de la casa de Delia se hundió,

provocando la consiguiente alarma vecinal. Vi pasar a los bomberos, oí la lista de las víctimas, alargada por esa aritmética de multiplicar que usan los rumores. Y, detrás de los bomberos, penetré yo también. Era imposible dudar de que Delia desesperada y a punto de desmayarse, esperaba que mi amor la rescatase.

Los sueños se realizan, pero con variantes, como si ellos estuvieran escritos en otra lengua y la realidad fuera mala traductora, porque entré tras los bomberos y ya no recuerdo nada más... Pero me lo contaron. Me desvanecí bajo los gritos, los cascotes y las nubes de un polvo que asfixiaba. Y salí llevado en los brazos altos y fuertes de un bombero.

Un día el Destino trajo lo inaudito. Por eso es Destino. Cuando los días nos traen lo que esperamos se llaman calendario... Era carnaval, y yo, con esa paciencia juvenil hecha de suspicacia que inventa y de angustia, me vestí de caballero medieval y compré un ramo de rosas aterciopeladas, color rojizo. Después resuelto me fui a observar su casa. No se cuidan las fronteras ni los polvorines con guardias tan estoicas como la que yo monté frente a su domicilio, pero Delia no salió en todo el día. Mis rosas, como cualquier impaciencia, se arrugaban. Y al caer la noche, fatalidad específica de los crepúsculos, mi amigo, aquél que la adoraba casi tanto como yo, trajo la noticia: Delia había ido a la casa de unos parientes.

Me volví con las rosas y una gran melancolía. Fue el carnaval más triste que recuerdo.

Unos meses después ocurrió un milagro, tal vez, ella sintió un llamado dentro de su corazón que la hizo fijarse en mí. Para ese entonces me sentí todo un hombre y aún contrariando a mis padres cumplí mi más preciado sueño.

Por las tardes dábamos paseos interminables, pero que según mi parecer eran demasiado cortos, las horas se asemejaban a minutos y los segundos eran porciones de tiempo tan pequeñas que daban la impresión de no existir. Esos días los viví con un inmenso júbilo y en mi memoria por siempre quedaron.

Ahora que los años me han reducido y no soy sino un hombre muy maduro, he querido evocar la historia de mi primer amor, que sólo comprenderán quienes siendo ya hombres, no han dejado de querer comportarse como muchachos soñadores."

La herencia

Muy a menudo los abuelos imaginamos decenas de formas de regalar. Pensamos en nuestros nietos, los miramos moverse en un espacio un poco ajeno al nuestro, casi como si ese lugar con ruidos de máquinas que manejamos con dificultad y de estruendos y sonidos en los que ellos permanecen inmunes y nosotros nos derrumbamos, perteneciera a otro planeta. Y ansiosos por complacer los gustos de tanta oferta consumista, planeamos paseos, obsequios, viajes.

A veces, hay dinero para Disney, para los juegos electrónicos, para la motito y la moto, para la computadora, para ver espectáculos deslumbrantes. Compramos, obsequiamos, viajamos, creemos ¿ingenuamente? que entrando a ese mundo de tecnologías, nuestros nietos sentirán más nuestra presencia y más nos amarán.

Otras veces las ganas de viajar, de regalar, de entrar a ese mundo que les pertenece por edad, porque sí, se quedan detenidos. No se puede. No se tiene.

Creemos, entonces, que no podemos acceder a lo que haría felices a nuestros nietos.

Sin embargo, tarde o temprano podemos descubrir que el regalo que más les proporciona alegría o seguridad es aquéllo que los conecta con lo familiar, con lo que heredaron.

Algo de eso sucedió aquel día de vacaciones en el restaurante frente al mar, con una comida que compartíamos mi esposo y yo con nuestros tres nietos varones. Durante una semana, cada uno de los chicos, repitiendo sus preferencias o sus descartes, había comido harinas como el abuelo, ensalada como yo, papas fritas y arroz blanco como no sé quién. Pero ese día aparecieron unas sardinas que habían escapado sabrosas de alguna lata con salsa de tomate. Primero, Tomás las probó curiosamente de mi plato y se le notó una alegría tan conmovedora como la que le habíamos visto ante la pileta olímpica, los entretenimientos sofisticados y el viaje en avión. El acababa de incorporar, junto con el sabor inédito de una humilde sardinita, la felicidad de parecerse a su papá en los sabores predilectos.

Le preparé entonces su propia porción de sardinas, acomodándolas en un plato colorido, con cebollines, aceitunas, pepinillos, hojas de lechuga enrulada y rodajas de carnosos tomates.

Tomás le añadió más color cuando lo miró con sus ojos celestes muy chispeantes y dijo: "cómo no le iban a gustar a papi si las preparás tan ricas..."

Me sentí, por un rato, una abuela del siglo XXI, triunfante ante las hamburguesas y la chatarra que consumen los chicos cada vez que pueden.

Algo me indicó en ese momento, que el paladar está primordialmente relacionado con el afecto, siempre que con afecto, le ofrezcamos al otro el sabor de un buen alimento placentero.

Recordé a mi hijo eligiendo ese plato siempre deseado y me recordé a mí misma deseándolo. Una sucesión de papilas. Una sucesión de preferencias tan heredadas, quizás, como el grupo sanguíneo. El hilo conductor de la herencia, el momento en que sabemos para siempre que el gesto sencillo del amor, seguramente será recordado por el otro más cálidamente que aquéllo que se devalúa con el tiempo porque lo único que ha costado es dinero.

Abuela de La Plaza

Nía Quesada ha criado a su nieto, cuyos padres fueron "desaparecidos" durante la dictadura militar. Pertenece a las Abuelas de Plaza de Mayo.

— Hubo un momento en el que de abuela pasaste a ser madre... ¿Cómo sucedió?

— Sucedió de una manera tan sorpresiva, tan dolorosamente sorpresiva y a la vez, en algún sentido, tan afortunada porque había recuperado a mi nieto... Mi hija, mi dulce, idealista, bondadosa y muy inteligente hija, se llamó Adriana y quería ser arquitecta. Tenía 28 años y estudiaba en la facultad hasta ese día del horror, como tantos otros para tanta gente durante el Proceso, en que a las dos de la mañana sus secuestradores y sus asesinos arrasaron su casa y se llevaron a Adriana junto con su marido y su pequeño Nicolás.

Como un milagro, quienes mataron a mi hija, no regalaron ni dañaron a mi nietito. Lo enviaron al Consejo de la Minoridad y todas las noches las secretarias del juez, muy buenas mujeres, lo llevaban a su casa, lo cuidaban, le arreglaban la ropita y lo entretenían.

Un día —como otro milagro— estas mujeres miraban televisión y Nicolás, desde sus dos años y medio, casi increíblemente para los que estaban con él, reconoció a mi hermana Menchu en una novela y empezó a señalar y a decir: ¡"tía Menchu! ¡tía Menchu!" (*se refiere a la actriz Menchu Quesada*).

Estas mujeres que lo trataban tan bien, avisaron al Juez, y el Juez nos llamó a casa. Fuimos con mi marido y con Menchu y allí ese maravilloso Juez Basso —a quien llevo en mi corazón con inmensa gratitud porque salvó la vida de mi nieto en mi familia— vio como Nicolás, conmocionado, tembloroso quién sabe por cuánto padecido sin su mamá, nos reconocía y venía corriendo hacia nosotros casi desesperadamente.

Nos salvó el amor. El amor siempre salva y redime.

Mucho tiempo después de eso, recuerdo que a cada rato mi nieto aún pequeño, me decía: "abuela, abuela, tirate al piso conmigo". Cuando yo le preguntaba por qué, él me decía que así hacían con su mamá.

— **El amor hacia el nieto ¿se ahonda, se fortalece porque sus papás ya no están.. o se vuelve carga?**

— ¡Oh, no! una carga, jamás. Tener un nieto cuando no tenés ya a tu hija y a tu hijo, es como conservarlos de algún modo. Es un pedacito, es una prolongación. Mi nieto le ha devuelto no sólo su sentido a mi vida sino esa sensación de que Adriana no se me fue del todo, porque él salió de adentro de ella... Y lleva su sangre y sus emociones.

Mi nieto me fortaleció.

— **¿Da susto? ¿Hay temores más que los comunes?**

— Hay temores... Lo mirás a tu nieto y tenés miedo por lo que ocurrió, y, claro, aparecen ideas que no podés reprimir... Pero al mismo tiempo aparece la fuerza y el coraje. Si tuviste la fuerza para resistir aquella vez...

— **¿Cómo crees que vive esa relación tu nieto? ¿Se siente tu hijo o siempre ha sido tu nieto y nada más que nieto según lo dice la naturaleza?**

— Nicolás fue siendo y es ahora a sus 22 años, mi nieto, mi hijo y mi amigo. Y fijate qué cosa: cuando cumplí años, le pedí a mi nieto que no me comprara un regalo, que me escribiera algo... A los tres o cuatro días me dio una cartita con palabras que en alguna forma, me sorprendieron. Decía: "vos sos mi mamá, mi abuela y mi papá. Te adoro, te venero, siempre estaré a tu lado".

También decía mi papá... Dios mío, no te imaginás cuánta ausencia, cuánta nostalgia de padres hay en el hijo de desaparecidos.

Nicolás integra la organización Hijos. Siempre me ha maravillado cómo esos chicos convertidos en huérfanos por mano de los violentos, desean sólo la paz, jamás se mezclan con hechos de agresión ni buscan venganza y casi todos ellos tienen poca resistencia para los gritos y las peleas. Se reúnen y, algunos con abuelos que los han cuidado y otros sin abuelos, comparten ideales pacíficos y se acompañan.

Te voy a contar cómo ha sido entre mi nieto y yo. Siempre, cada día, ante cada decisión a tomar, en cada situación, sin proponérmelo, sentí que me ponía en el lugar de mi hija y me preguntaba a mí misma: "¿qué hubiera dicho o qué hubiera hecho Adriana en este caso?"

A mi nieto le daría todo y le concedería todo. Pero siempre me cuidé de no hacerlo cuando no correspondía. Tuve que poner límites que no quería poner y decir no cuando era no. Pensaba en su mamá. Nicolás habló conmigo de todos los temas y de todas las inquietudes incluidas las del sexo. Además, a veces, vamos juntos a recitales o conciertos.

— **¿A quién se parece... o en todo caso, qué heredó de su mamá y qué de su papá?**

— Es tan semejante a su mamá... Su físico, su mirada, sus gestos, su manera de ser con los otros, su ternura en especial. La vida de Adriana está de regreso en mi nieto. ¿Ves? Eso es un nieto también: la vida de un hijo. Amor doble.

— **¿Cómo acompañó este inmenso dolor, tu marido, el abuelo de Nicolás?**

— Jamás pudo con ese dolor. Jamás se recuperó. Murió pronto, con una tristeza que lo bloqueó. Me acompañó, pero casi derrumbado.

— **¿Qué miedos tenés en este tiempo y qué esperanzas?**

— Los miedos de los padres y de los abuelos de este tiempo. La inseguridad en las calles, la corrupción, la droga, el sida, las injusticias y la falta de justicia... Pero también tengo esperanzas para mi nieto. Sé que los jóvenes se procurarán un mundo con nuevas metas.

Mi nieto es músico. Estudia en el Conservatorio, lleva algunos genes nuestros, semillas de apasionados por el arte... La música es su vocación muy profunda, me parece que eso construye su espiritualidad.

— **¿Qué significa ser una abuela de Plaza de Mayo?**

— Significa la búsqueda... Se busca al nieto perdido, se busca compartir dolores y esperanzas, se busca mantener muy viva la memoria y el rechazo por la crueldad de cualquier clase... Yo soy una abuela afortunada: perdí y encontré a mi nieto. Casi todas las abuelas todavía trabajan por encontrar a los hijos de sus hijos asesinados. Las admiro. Son mujeres a las que nadie puede vencer. ¿Notaste que no se habla de padres de Plaza de Mayo o de abuelos de Plaza de Mayo? Porque bien podrían haber estado allí padre y madre, abuela y abuelo. Pero los hombres no pueden con algunas emociones... ¿Sabías que estadísticamente, han sobrevivido mucho más las mujeres que los hombres ante el dolor de la desaparición de sus hijos a partir de 1976? Las madres y las abuelas tenemos una resistencia que debe venir de nuestras entrañas. Allí es donde empezamos a alimentar y a proteger a los hijos.

Quiero decirte algo: en medio de todas las desdichas, extrañando cada día, cada minuto al hijo muerto, una abuela puede sentirse también feliz y reconfortada cuando ve a su nieto hacerse una persona digna, sensible y honesta y por sobre todas las cosas, amante defensora de la libertad. Y dichosa, claro, porque a eso también aspiran.

La novia y su abuela

*Esta es la historia de una abuela internada en la
Sala de Geriatría del Hospital Santojanni.*

Los problemas bronquiales habían obligado a Carmiña a permanecer mucho tiempo en cama, y las es-
caras tan frecuentes en los ancianos inmovilizados
daban cuenta de ello. Sus familiares no aparecían por
el hospital; este abandono era realmente doloroso, ya
que los cuidados que podía brindarle el personal hos-
pitalario eran escasos: faltaban enfermeras, y el trabajo recaía sobre unos pocos de modo abrumador.

Alguien decidió llamar a las hijas y ponerlas al tanto
de esta realidad. Era evidente que Carmiña mejoraría
rápidamente si podía regresar a casa; ya no tenía sentido que permaneciera internada. Pero estas sugerencias no obtuvieron eco; la anciana continuó en el hospital.

Para esa misma época estaba previsto que se casara su nieta. El día de la boda, y para gran revuelo de
todos, la jefa del Servicio se enteró que ahí estaban la
novia con su traje blanco, el novio muy paquete, y la
madrina, que era una de las hijas de Carmiña. Sucedió que la flamante esposa quería tomarse una foto

con su abuela; necesitaba compartir este momento con ella. A partir de allí, algo cambió para siempre.

Al día siguiente, apareció por el hospital otra de las hijas de Carmiña, y la médica aprovechó para reclamar por el descuido que mostraba la familia. De pronto, se le ocurrió plantear: "hagamos de cuenta que yo soy usted y usted, la profesional que atiende a su madre... ¿Qué me diría?" Por primera vez, la mujer pudo asumir lo que estaba sucediendo. Respondió: "Le diría que usted es una porquería".

"Muy bien —replicó la médica— eso es lo que yo le digo a usted en este momento."

El breve y fuerte diálogo, y el gesto de aquella nieta que le había dado vida a la abuela olvidada en una cama de hospital, lograron lo que durante tantos meses había parecido imposible.

Carmiña volvió al hogar. El amor de su nieta y el cuidado de la familia resultaron lo que los médicos ya saben: una medicina irreemplazable.

El color de la comida

Tocando el Siglo XXI y librados a su propio criterio,
los chicos de hoy en día tienen gran habilidad para
acercarse a lo que tanto les atrae: hamburguesería,
panchería, masiterías... donde la pasan "re-bien"
y se impregnan de olores, sabores,
colores y ruidos de su tiempo.

A muchos abuelos todo esto nos disgusta, nos preocupa que nuestros nietos coman comida chatarra. A mí también me preocupa, y entonces me pregunto ¿qué nos pasa?

No puedo dejar de pensar lo que el cuerpo significa hoy en día. Por ejemplo, el modelo de mamá en uso: no importa si anoréxica o bulímica, con o sin glóbulos rojos, pero flaca, igual que las flacas que adornan la tele. En cuanto al papá ¿por qué va a ser diferente? Se levanta cuando aún está oscuro y a correr por Palermo... Todo para no echar pancita. ¿Qué menos puede hacer por su físico?

Así es como, junto a estos modelos, aparecen la preocupación por la estética del bebé, quizás aún antes de que haya nacido.

Después del parto, cada bebé tiene su historia alimenticia. Algunos toman la teta, otros teta y biberón, todo va a depender de tetas con o sin leche, de tetas con flaccideces o endurecidas, con o sin siliconas, erguidas o caídas. Algunas mamás llegan al extremo de decidir cómo alimentarán a sus hijos de acuerdo con lo que es más conveniente para sus tetas.

Luego, llega el momento muy importante en que el bebé comienza sus comidas sólidas y entonces aparece la tentación de los precalentados y precocinados, que en los empaques resultan muy atractivos pero cuyos ingredientes tienen colores propios de la anemia.

¡Qué poco apetitosa resulta esa comida! Muchas veces, los chicos la rechazan y oímos a los papás quejarse... "¡dan tanto trabajo para comer, nada les gusta!"

Los abuelos sabemos a esta altura del partido de la vida, que de hambre un chico no va a morir si tiene a mano una galletita, un alfajor, una gaseosa... que por añadidura le quitarán el apetito...

Es cierto que muchas mamás que trabajan tienen poco tiempo y energía para hacer comidas más elaboradas, pero lo que nos aflige es que no se conozca y estimule el sentido del gusto de los pequeños.

Se suele oír "a ellos les da todo lo mismo"... "cuando hay hambre no hay pan duro..."

También se escucha a los padres... "¿y nosotros qué comíamos?"

Los abuelos, entonces, ya sin poder controlarnos mucho, nos preguntamos por qué se perdió la preocupación por el valor nutritivo de los alimentos: no es lo mismo el aporte de hierro de un guiso de lentejas que las supuestas presitas de pollo freezadas. Y tampoco es lo mismo preparàr y servir el plato con cariño, que tirarlo con prisa sobre la mesa, ignorando que ésta es una forma de demostrarle al otro que se lo quiere.

Qué difícil es para los padres de hoy no verse arrastrados por la vorágine en la que vivimos. Tal vez nos corresponda a los abuelos mantener vivos temas como éste y seguir insistiendo en que vale más un plato que alimenta, que una comida de moda que sólo resulta irresistible porque así nos convenció la publicidad o porque no engorda.

Abuela-Mamá

*La que sigue es una historia como seguramente
hay muchas, y la cuenta —con su propia voz—
la protagonista más joven.
Se llama Natalia y tiene 24 años.*

"Mi mamá es una mina macanuda, inteligente y
bastante compinche para todo. Hablar con ella siempre era fácil. Por lo menos, me acuerdo de cuando yo
tenía 15 o 16 años, y todos se quejaban de la comunicación entre padres e hijos, y a mis amigas les daba
por histeriquear con ese asunto quejándose de sus
madres... Yo, nada de eso. Con 'la Loti', como le decían todas ellas, la cosa era distinta: ningún proble-
ma si tenías relaciones sexuales, si te hacías la rata,
si el forro o las pastillas, si te ibas a comprar una
pilcha. Hasta podía llegar a hablar de si mi papá fa-
llaba o cumplía...

Así eran las cosas con ella. Pero también estaba la
abuela Eva, que vivía con el abuelo Julio en una casa
pegadita a la nuestra. Cuando yo era chica, todas las
mañanas, aparecía la abuela Eva en mi cuarto, con el
desayuno en una bandeja y el delantal blanco de la
escuela, impecable. Me lo lavaba y planchaba cada
dos días, aunque estuviera regio. También era ella

51

quien me llevaba al colegio y me iba a buscar al mediodía. En el camino ya me iba contando lo que me había preparado para comer, y yo le decía que me iba a comer todo... siempre que ella me acompañara a los jueguitos del shopping.

Fue ella quien me llevaba al jardín a los tres años, y más tarde, a las clases de catecismo, dos veces por semana. Fue ella quien me regaló el vestido de comunión, y ella —junto con el abuelo— quienes me fueron comprando el triciclo, la bicicleta, el uniforme de la secundaria, y hasta el vestido de graduación. Algunas veces, incluso, era la abuela Eva la que asistía a las reuniones de padres. ¿Y mis padres? Yo creo que eran una pareja normal ¿no?: salían poco, no viajaban nunca, vacacionábamos juntos, trabajaban horas razonables... Pero yo sólo quería estar con mi nona. De eso me doy cuenta ahora. Cuando el abuelo murió, se alquiló la casa de ellos y la nona vino a vivir con nosotros. fue genial; dormíamos en el mismo cuarto, a la noche charlábamos de todo y teníamos su televisor para nosotras solas.

Nada cambió con el paso del tiempo, ni siquiera cuando yo empecé la facultad. Mi mundo giraba alrededor de ese sol que era la nona, y siempre estuve segura que yo también era un sol para ella. Si la nona se enfermaba, a mí se me venía el mundo abajo. Tenía miedo de que le pasara algo en la calle, en el colectivo.

Recién ahora me doy cuenta de que mi madre nunca me importó tanto como mi abuela, y no entiendo cómo pasó. Pero me doy cuenta porque la nona murió hace cinco meses, y no tengo paz. No sé qué hacer. Tenía 82 años y tal vez ya le tocaba irse, pero yo no me hubiera resignado aunque hubiera tenido 120. Es como haberme quedado sin madre."

Ramona

Si Berni la hubiese conocido,
Ramona sería Ramona Laguna.
Tiene 50 años, una nieta
y trabaja como empleada doméstica.

— **¿Qué recuerdos tiene de sus abuelos?**
— De mi abuelita paterna tengo buenos recuerdos, muy dulces. Nos llevaba a pasear y a la calesita que había en un colegio en Encarnación, en Paraguay. Vivió con nosotros mucho tiempo. Tenía 68 años por aquella época. La carita toda arrugada. Era una viejita fina, de pelo blanco. Ella se fue a la casa de otros hijos cuando estuvo enferma, en Villa Rica. Me casé y no la vi más. Me separé, tuve a mi hija, vine a la Argentina y después de diez años me enteré que falleció y que no me contaron antes porque no querían que yo sufriera...

No nos compraba juguetes porque era pobre, pero el amor que me brindó, que me dio porque yo era una nieta adoptada, no era hija natural de su hijo y sin embargo ella era conmigo como una abuela verdadera... El hijo me dio su apellido. Cuando supe que había muerto, fui a Paraguay a ver su tumba.

— **¿Recuerda juegos o cuentos de su abuela?**

— Cuentos como para dormir... Si no queríamos dormir, nos decía que venían los lobos con las bolsas para llevarnos. Entonces nos tapábamos la cara con la sábana, apretaditos. Casi nos asfixiábamos, nos daba miedo. Ella nos apagaba la luz y nos quedábamos dormidos. Es que mi hermano y yo éramos muy traviesos... la recuerdo siempre y hasta ahora la adoro. Tengo ese recuerdo tan dulce de ella...

— **Y usted, a su nieta, ¿también le cuenta cuentos?**

— Yo a mi nieta no le cuento eso... Jugamos en la cama, dormimos juntas, jugamos a la peluquería. Nos divertimos las dos... Con mi abuela nos mimábamos las dos, pero no jugábamos como yo juego con mi nieta.

— **¿Se acuerda qué sintió cuando su hija le contó que iba a tener un bebé?**

— ¿Sabe lo que sentí? Temor por lo que a mí me pasó...

— **¿Qué le pasó, Ramona?**

— Mi marido era borracho, no pensaba que yo tenía un bebé en la panza. Rompía botellas, daba portazos. Cuando venía, yo decía "tragame tierra". Por eso yo tenía miedo por mi hija. No quería que ella sufriera como yo durante mi embarazo. Yo vi que mi hija se casó no estando enamorada, yo estaba muy enamorada de mi marido, pero él, por lo que a mí me hizo, no estaba enamorado de mí.

Hace un año mi hija se separó. No se repitió la historia, aunque el marido venía y le levantaba la mano. Pero no era borracho.

— **¿Cómo supo que fue abuela?**

— El me llamó al trabajo y me dijo: "suegra, ya es abuela". ¿Qué es? le pregunté. Me dijo: "chancleta".

Ay, qué macana, dije yo, yo quería tanto un varoncito. Y bueno... está bien... ¿vino sano? ¿están bien las dos chancletas? Y bueno, al final me puse muy contenta.

Cuando salí del trabajo me fui a comprar un ramo de rosas rojas y se los llevé a mi hija al hospital... Estaba dándole el pecho a la chancleta. Yo la miraba y le dije: "¡y nosotros que esperábamos a Luisito! y nosotros que esperábamos una rubia y ésta es negrita". Porque yo tengo sangre alemana, mi papá verdadero es alemán y la nena salió bien coloradita y el pelo negro, negrita y peludita. La mamá es rubia, la abuela es rubia, pensábamos que iba a salir una rubia otra vez...

— **¿Cuándo empezó a sentirse verdaderamente abuela?**

— Ahora que Carolina tiene 7 años yo me siento realizada como abuela. Mi nieta me compra. Yo no soy abuela babosa, Luis es un abuelo baboso...

— **¿Qué quiere decir con eso de que es un abuelo baboso?**

— Es darle todo lo que le pide. Cuando chica, yo no tenía juguetes, ahora que soy vieja me compro muñecas lindas y osos lindos y tengo toda mi pieza llena, sobre la mesita, en la pared, sobre el televisor. Y mi nieta me los pide, yo le presto y le digo: "no quiero que los saques afuera porque se me ensucian".

Mi patrona fue a Disney. Me preguntó: ¿qué querés que te traiga?, y le contesté "la muñeca más linda que haya en Disney". Me trajo un Mickey y me encantó. Lo cuido y la dejo jugar en la cama a mi nieta. No se puede ensuciar. Así que afuera que no lo saque.

— **¿Qué recuerdos le gustaría que su nieta tuviera de usted?**

— Yo a mi nieta le digo que la casa que tengo en la

Argentina es para mis nietos. Como yo no tuve casa, quiero que mis nietos tengan la que yo no tuve. La casa tiene abajo y arriba. Uno que viva abajo y otro que viva arriba... Si tengo otro nieto... Para que nunca se separen.

Lo gracioso es que mi nieta me pregunta: "¿Abuela, si yo tengo un hermanito, me quedo con la casa de arriba que tiene dos heladeras?" Yo le digo: "no hay que ser egoísta, una heladera para vos y otra para tu hermanito".

¿Vio que uno se pone celoso con su abuelo cuando el abuelo abraza a un nieto y al otro no? Si Carolina tiene un hermanito, la abuela Ramona les va a dar igual. Y si no, bueno, nada. Pero no se va a quejar de mí.

El cristo roto

Inés tiene 64 años, un marido alcohólico recuperado desde hace 15, tres hijas y seis nietos de los que ha perdido a Pablo, el mayor, en un episodio criminal del que fue víctima en enero de 1997.

— ¿Cuándo te enteraste de la cruel manera de morir de Pablo?

— Fue un dolor tremendo, más allá de todas las palabras... y me enteré porque sus padres me avisaron, apenas tuvieron noticias del accidente. ¡Las experiencias que a uno le tocan vivir y que pensadas, parece que uno no las podría resistir!

Yo había pasado muchos años de pena y de lucha acompañando a mi marido en su tratamiento en Alcohólicos Anónimos. Había vivido realidades muy duras en Al-Anon y había hecho aprendizajes muy difíciles. Pero cuando aquel salvaje ataque a mi nieto me lo quitó, me sentí desgarrada.

No quiero llorar. No se lo relato a nadie porque es demasiado triste y no lo aguanto. Me lo arrancaron y quiero pensar: no está, está viajando, se fue a Italia... No puedo ir a la iglesia, no voy al cementerio, mi fe religiosa no ha desaparecido pero estoy desengañada...

— ¿Nada te ofrece consuelo?

— Mientras venía para acá para esta entrevista, en el colectivo una mujer me hablaba del ángel de la guarda y yo pensaba: ¿y mi nieto? ¿no tuvo ángel? ¿no tuvo a nadie que lo protegiera? ¿Dios no estuvo allí o no era cosa de Dios? Estoy enojada con Dios... ¿cuándo escucha Dios? ¿Cuando no pasa nada porque no tiene que pasar? Se hace muy difícil la fe cuando tenés un dolor tan grande. Si te están arrancando un hijo de un momento para otro, vos decís "no hay Dios".

Tengo una hermana que tiene un nieto y siempre reza por él porque es mujer de mucha fe. Y yo le digo: "si te tiene que pasar algo, te va a pasar lo mismo", las cosas que te tienen que pasar... pasan lo mismo. Mi hija también rezaba y mirá lo que le pasó...

Yo tenía un Cristo muy hermoso de piedra ónix sobre el respaldo de mi cama. Era un regalo de mi hermana el día de mi casamiento. Tenía devoción por El. Cuanta cosa me sucedía, se la contaba a mi Cristito. Ahora, se me rompió. ¿Por qué se me rompió mi Cristo? Tal vez, porque yo ya no le pido nada. ¿Qué le puedo pedir? Me llevó al nieto que era una divinura. Ya no tengo nada que pedirle.

— Pareciera que a partir de este dolor de abuela, has cambiado bastante...

— Cambié mucho. Antes, yo no me quedaba sola en la vereda y en lugares oscuros porque tenía miedo. Era miedosa. Ahora, soy capaz de enfrentarme con el que me venga a atacar. Guay de que alguien se me venga encima... Tengo una fuerza superior.

Soy muy solidaria, todo lo que hago, lo hago por amor, pero no con el sentimiento profundo que se tiene por un nieto. Por fuera no se nota, pero el dolor lo llevo dentro. Aprender a convivir con el dolor es la única manera de continuar. Uno tiene otros nietos y esos nietos a mí deben verme bien y animada, sobre todo el nieto que es minusválido.

Que los demás me vean desaliñada no es ninguna prueba de dolor, quiero tener buen aspecto. Fantaseo un poco para aliviarme... es como ponerse un disfraz para una noche... Después te lo sacás y bueno, te encontrás con tu realidad.

Mi dolor es doble: por mi hija y por la falta de mi nieto. Lo importante es darse tiempo. La herida cura lentamente, muy lentamente.

El tiempo hace. No es olvido, es remanso.

De parto

¿Cuántas veces pare una abuela?

Recién ahora al ser abuela, tomo conciencia de que una mujer está de parto cada vez que una hija de su sangre va a ser madre. Está de parto desde sus emociones, desde sus proyecciones y sensaciones. A menudo, incluso, siente dolores físicos mientras la hija sufre los de su propio y real parto.

Esos momentos previos, cuando comienzan las contracciones, cuando las primeras señales indican que hay que prepararse, son detonantes. Si durante su embarazo, en medio de mucha felicidad, hemos callado nuestra ansiedad mientras la panza de la hija iba creciendo, en el momento del parto el miedo se hace muy concreto y más preciso. En una palabra, tememos. Tememos por la vida de nuestra hija, por la salud del bebé, por todo lo que, si saliera mal, podría hacer sufrir a nuestra hija.

A menudo todo es una gran sinrazón. No ocurre nada de lo imaginado. Pero ha sucedido en nuestra película interna. Ahí estamos, pues, en el parto que nos hará abuelas: un poco como madres de la madre que dará a luz y otro poco como nosotras mismas aquella vez, cuando la que nacía era nuestra hija.

Recuerdo que cuando una de mis hijas pasó hacia la sala de partos, yo estaba en el hall del sanatorio. Me apoyé contra la pared y abracé muy fuerte mi panza. Contuve por un momento la respiración, cerré los ojos. Al abrirlos un momento después, la nena ya había nacido.

La emoción fue inmensa. La misma, igual y diferente a un tiempo, que se siente cada vez que nace un nuevo nieto.

La marca sobre mi cuerpo era un hematoma en mi panza. Había estado, sin darme cuenta, presionando mi vientre como si con eso, yo estuviese ayudando a pujar a mi hija.

Es tan fuerte el amor por una hija que cuando suponemos que al dar vida está la suya en riesgo, ese amor se acrecienta.

Fluye la sangre que nos identifica a ambas.

Fluye la sangre, aunque no se la vea, como dadora de vida o como lo que también, perdiéndose o enfermándose, puede quitarla.

Una mira a esa hija en trance de parir, de hacerse ella también madre... y no puede dejar de pensar: allí en ella hay algo de mi sangre y la habrá después en el niño que llega.

¡Qué cosa fantástica! Esa sangre viene viniendo desde lejos.

¿En cuántos otros antes que mi hija y yo y mi nieto, hubo componentes parecidos recorriendo cuerpos e irrigando corazones que nos hacen parientes o que marcan de tantos modos a una familia?

Esto me hace pensar, con cierto remordimiento, que no es lo mismo el parto de una hija que el de una nuera.

Una acompaña al hijo, lo sostiene también. Uno

tiene miedo cuando la nuera está de parto, ansía que la mamá y el bebé estén bien, pero la nuera no es sangre de la propia sangre y eso hace una diferencia en el modo en que se vive la situación.

Por mucho tiempo, cuando escuchaba a las mamás refiriéndose a diferencias entre hijas y nueras parturientas, yo sostuve que el sentimiento era el mismo. Hasta que cuando mi hija entró por primera vez a la sala de partos, comprendí que, en ese instante el temor y el deseo de que todo anduviera bien, superaban la alegría de pensar que iba a ser abuela.

Una mira a esa hija, pujando con dolores que parecen nuestros también, y comprende, en medio de los temores y las ansias y los pensamientos que se amontonan, que con el bebé que viene a nacer, continuará fluyendo la sangre prodigiosa. Y seguirá transfusionando vida, en prolongación interminable de la familia. Una espera con inquietud, el simple anuncio: "ya nació, la mamá y el bebé están muy bien".

Tal vez, en eso consista la trascendencia. Tal vez, ésa sea la eternidad.

De Raquel, a Pablo

Esta es la carta que la abuela Raquel le escribió a su nieto Pablo, en momentos en que él comenzaba a regresar desde la oscuridad de la droga, hacia el amparo de la familia.

Hoy por la noche me llamó el abuelo. Estabas junto a él. Y ese hecho me movió de pronto la necesidad de hablarte. Así como acostumbro hacerlo yo. Volcando con el lápiz lo que siento. A veces no es fácil, pero necesito hacerlo.

A pesar de que hoy no cumplís años, me envuelve algo muy importante: Siento que me llegó el tiempo de tus respuestas. Aquellas que busqué largos días, largas horas. Cuando recliné mi corazón para que me escucharas.

Hoy te siento cerca. Escucho tus risas, veo tus miradas cargadas de cariño y siento que navega la alegría dentro de mis venas.

Enumero tus dones, y los envuelvo como perlas. Pero como a las perlas, a los dones hay que sacarlos, darles vida. Y lo estás haciendo, forteleciendo las ganas de vivir. Todo ello me sacude, como movida por una varita mágica.

En medio de esta paz, en medio del rumor manso, busco la estrella más titilante, y te nombro. Feliz de sentirte cerca, feliz de que estés gozando junto al abuelo; feliz de que mañana, cuando despierten, un arco iris les anuncie un cielo en calma.

La naturaleza toda se mueve, se agita, se agiganta: imítala. Imita todo aquello que es vida. Todo aquello que te ayude a crecer cada día más; que te ennoblece y agiganta tus propios valores. Imita todo aquello que es simple como la naturaleza, pero que es esencia. Y que, como la levadura, crece, crece sin darse cuenta y se convierte en pan. En aquello que es puro, verdadero y sano.

Si al nacer abrimos los labios rompiendo con el llanto, y no nos proyectamos hacia las maravillas de esa vida que cada uno construye a diario, ¿dónde está la alegría? Seguramente en lo que constituye el verdadero escenario; la alegría de aprender, la alegría de crear, de querer, de brindarse, de ayudar, de escuchar. Es apasionante sentirse rodeado de esa mágica aventura llamada "alegría".

Se va alejando la noche; mis párpados cansados se van achicando, y con mi pecho aliviado por lo que dejé en esta página, trataré de abrazarme a la danza que quiere ser mi amiga... y soñar que sigo escribiendo, escribiendo todo aquello que no supe, porque es difícil, transmitir exactamente aquello que se siente.

Con la incertidumbre de si alcancé a hacerme entender... Si lo logré, me siento inmensamente feliz. Corro a mi cama, y me cubro con el cielo que me espía desde la ventana.

Raquel

Domingo de nietos

Para algunas familias los domingos son días de junta y desparramos. Los abuelos reciben, los hijos caen como de mudanza y los nietos vienen a alegrar nuestro día de descanso.

El almuerzo de domingo es como el cine continuado. Empieza cuando ellos llegan.

Curiosamente, no coinciden mucho los horarios de unos y de otros. No se han puesto de acuerdo, claro, pero hay que ver qué bien logran comer por tandas, honrando las libertades del día de fiesta.

Van entrando y tirando todo lo que cargan: juguetes a pila, chiches sin pila para arrastrar por el piso o hacer surco en la alfombra, abrigos por si refresca y buzos livianos por si hace calor.

Sobrevolando los bultos mayores, zurcan los aires los bultos menores: despegan y aterrizan zapatillas, zoquetes, chupetes, mamaderas y hebillitas.

La mudanza semanal no ha olvidado además, traer a nuestras casas los objetos preferidos por los hijos de nuestros hijos, según nuestros hijos... Juguetes que los chicos casi nunca tocan en todo el día.

Y el día transcurre con un ajetreo imposible de olvidar durante la semana siguiente, porque en el trámite de volver a ordenar la casa, juntar lo que se olvidan y reacomodar nuestros huesos, llega el otro domingo.

El abuelo y la abuela, llenos de contento, hemos visto llegar e irse a todos. En el medio, sonreímos, saltamos, mostramos buen humor, disimulamos que nos duele la cintura, decimos que no es nada que se manche el sillón, gateamos por el piso, jugamos a lo que los chicos dispusieron para nosotros... y sobre la cena, casi listos para dormir, sonreímos de nuevo, saltamos de nuevo y juntamos a escondidas los restos de nosotros mismos.

La abuela, con frecuencia, cumple una jubilosa jornada de trabajo en negro, sin jubilación prevista. Hace las compras, piensa en qué le gusta a cada uno de los inocentes de su adorada familia, va, vuelve, corta, sirve, reparte, intercede, reprende, consiente, y todo eso, igual que si tuviera que ensayarlo, lo repite varias veces en el día.

Una maravilla de abuelitud dominguera. Lo que se dice, el pleno ejercicio del gran rol...

El abuelo entretanto, suele contribuir con heroicas hazañas como lavar una lechuga o limpiar un rabanito.

Cuando, ya tarde, ambos se derrumban en un sillón, se sienten felices... y exhaustos. Piensan: ¿quién habrá dicho que el día domingo es para descansar?

Las dos Lidias de Jai

Ante todo digamos que Jai cree en la reencarnación y esa creencia marcó, de alguna manera, parte de su historia.

Había nacido en Polonia y allá creció junto a su muy querida hermana Lidia, una muchacha particularmente bella que enfermó de tuberculosis y murió muy joven.

Por entonces, Jai noviaba con Duved, un muchacho de su pueblo. Estaban los dos muy enamorados. Pero la guerra los separó. El fue al campo de batalla y ella se quedó con sus padres y con la esperanza de las cartas que su novio le había prometido.

El tiempo pasó lento y triste, sin que Jai recibiera ninguna noticia del soldado ausente. Sus padres consideraron que ya era oportuno que su hija hiciera un matrimonio adecuado y dispusieron las cosas de modo que Jai se casara con Berl.

A los pocos meses de la boda, Jai quedó embarazada.

Un día, que resultó verdaderamente muy particular, Jai estaba en los alrededores de la casa, un lugar poblado de árboles y plantas. La muchacha tendía ropa en el cordel cuando de pronto, asustada, vio salir de detrás de un árbol a un hombre que se le acercaba. Tembló, sorprendida, con una emoción que al evocarla, le fue difícil explicar. Duved, aquel novio que la guerra había arrancado de su lado, estaba de regreso en su vida.

Pero allí estaba también en su panza de seis meses, el hijo de Berl.

"¿Ahora qué puedo hacer? Ya es tarde... dijo Jai y también apareció el reproche: "nunca me escribiste... y ya ves..." Abriendo su abrigo, Jai mostró a Duved su embarazo.

Fue un momento de revelaciones: ¡Cuánta pena detrás de ellas! Duved explicó que las cartas habían sido escritas, enviadas y jamás entregadas a su destinataria.

Los padres de Jai, descubiertos al fin, reconocieron que ahí estaban las cartas sin abrir, escondidas por años en una caja donde Jai y Duved habían dejado para siempre y sin saberlo, su ilusión y su espera.

La vida siguió su curso más allá de ese episodio conmovedor.

Berl y Jai emigraron, se establecieron en Argentina, y su hogar, con un marcado liderazgo materno, se completó con cuatro hijos que continuaron la familia.

Una de las nietas de Berl y Jai fue llamada Lidia, igual que aquella hermana muerta por tuberculosis en la ya lejana Polonia. Y puesto que su abuela creía en la reencarnación, la nieta fue extrañamente tocada por esa creencia y tratada por su abuela Jai —en una confusa traslación de identidades— como una hermana. Jai, más que la abuela de esta Lidia, actuaba como la hermana de aquella Lidia de entonces. Charlas, confidencias, todo lo que iba de Jai a Lidia, parecía dirigido a una hermana.

Ya anciano, Berl enfermó gravemente. Un día de los finales, Jai le confesó a su marido que jamás lo había amado y que sentía que por culpa de su aparición, ella no había podido estar junto a Duved, que era su verdadero amor.

Berl, por su parte, le reveló que él tampoco había estado enamorado de ella sino de Luisa, la otra hermana de Jai que por entonces vivía en Estados Unidos.

Extraño momento para confesiones.

Esta singular historia de amor y desencuentro fue contada por Lidia, la nieta de Jai y Berl.

Encuentro en la calle con un buen nieto

Claudio Carlos Saúl tiene 11 años, un abuelo que es toda su familia, y trabaja en la calle limpiando vidrios de autos.

—Esta es mi parada. Allá, frente al Poli y a la Premier, está mi hermano Juancho, que es el más grande, me parece que tiene como catorce.

¿Que por qué me llamo Claudio Carlos Saúl? Bueno, gila no sos... te darás cuenta que Carlos Saúl es por el presi. Lo de Claudio, no sé bien, pero me parece que es por una novela que veía mi mamá en la tele cuando yo estaba en la panza de ella y el tipo que hacía de galán se llamaba así. Ahora tengo once años, ya soy grande, siempre pienso por qué mierda no puedo ir a la escuela todos los días, porque ser burro es dejarse currar.

— **¿Cuántas horas estás aquí en esta esquina vendiendo hojitas de afeitar y... esto otro? ¿Qué es?**

— Son linternitas de un peso para cuando te quedás sin luz. Pero éstas las vendo en el subte porque los engancho mejor. En una de ésas, con las linternas me hago un Yabrán.

— **¿Te parece buena cosa ser un Yabrán?**

— Qué me va a parecer buena cosa ser eso, aunque sea rico. Aunque a lo mejor el tipo no es tan jodido como dicen. Bueno, me preguntabas cuántas horas estoy en esta esquina... Como seis, como ocho, siempre aquí en Talcahuano, porque el cana me hace pata, todos me conocen y el mozo de la Ouro Preto se hace el gil cuando entro a vender.

— **¿Porqué tenés necesidad de ganar dinero dejando de ir a la escuela, siendo como creo, un chico inteligente?**

— Porque le tenemos que dar de morfar al abuelo y comprarle los pañales porque está en una silla de ruedas y no puede caminar y hay una parte del cuerpo que no la mueve. Pero de la cabeza anda fenómeno.

Me mirás con una cara... Ustedes, bah, algunos, es como que nunca les pasa nada. Vos tenés pinta de que no te pasa nada. Si fueras a mi barrio... Mi viejo no sé quién es, pero mi vieja se largó cuando el abuelo se quedó duro, así que el Juancho y yo lo cuidamos.

— **Debe ser una carga muy grande para un niño tan pequeño. ¿No querés que te averigüe por algún sitio donde puedan atenderlo a tu abuelo, así vos podés ir a estudiar y no andar en la calle tantas horas?**

— Ni loco, ni loco. El abuelo es joya, joyita. A mí me gusta cuidarlo.

Seguro que a vos te daría asco cambiarle los pañales y verle la caca, pero a mí no me da nada. Lo limpio y chau. Después comemos y después lo acostamos y después, cuando salimos a laburar, el Juancho y yo lo dejamos en la casa de doña Dora, la de al lado, que lo cuida porque es una mujer muy buena y no es como mi mamá.

— **Entonces, ¿lo pasás bien? Me da la impresión de que lo querés mucho.**

— Claro que lo quiero mucho. El abuelo no se va a ir nunca de al lado mío. Todas las noches, cuando lo acostamos, me cuenta un cuento en episodios. Es como una novela pero sin tele. Se llama "El príncipe negro". No sabés las aventuras que el abuelo le hace correr al príncipe ése. En lo mejor del cuento, cuando tenés unas ganas bárbaras de saber qué pasa, el abuelo dice: "bueno, Carlos Saúl, mañana te cuento el resto, aguantate. Después que vengas de tu esquina, yo te digo qué paso". Y yo, como el abuelo es joya, ni chistar. Al otro día, le cuento al cana el episodio de la noche anterior y él seguro que me atiende con mucho cuidado porque, ojo, el cana sabe que yo me llamo Carlos Saúl.

¿A vos, te gustan los abuelos? Todos arrugaditos. A mí me gusta tocarlos. Pero ni te imaginás lo mal que la gente trata a los viejos por aquí, por el centro. Y es como dice mi abuelo: cualquiera diría que el tiempo pasa nada más que para mí...

Animalitos y plantas

Hace poco vi una película de la cual me ha quedado una imagen: una hija, después de visitar la tumba de su madre, camina por el cementerio reprochándose... "si se lo hubiera dicho antes, ¿cómo no pudimos hablarlo...?"

Frecuentemente hay entre padres e hijos este tipo de culpas, llanto y dolor. Cada vez que me ubico en el lugar de hija descubro que hay cosas que no dije y que ya no voy a poder decir nunca más. Como madre, intuyo lo que aún falta que me digan o que quizás tampoco yo llegue nunca a escuchar, pero también me doy cuenta de todo lo que yo silencio frente a mis hijos. ¿Qué es lo que nos enmudece? Tal vez la ilusión de que la vida es eterna, que hay tiempo suficiente para poder expresar los desacuerdos, lo que nos gustó, lo que quizás nos llenó de odio.

Me pregunto ¿qué tendrá que ver esto con la condición de abuelos? Sucede que muchas veces hacemos o dejamos de hacer cosas por nuestros nietos temiendo la reacción de nuestros hijos. ¿Por qué no hablamos? ¿Por qué no somos más directos y sinceros? ¿Tememos mostrarnos en algún aspecto que a ellos no les gusta y que los lleve a rechazarnos? ¿Tememos no ser aceptados o amados por nuestros hijos?

Necesité todo este recorrido para llegar a contarle a Camila, mi primera nieta mujer, lo que le confieso en esta carta que me permito compartir con ustedes.

Querida Camila:

Aunque tu mamá piense que a mí no me gustan los animales, siempre he tenido ganas de regalarte un animalito de los que tanto te gustan, para que lo cuides y juegues en tu casa.

Cuando te miro y veo cómo seguís con tus ojitos a los bau-bau, como vos los llamás con tu reciente añito, siento culpa porque vos no tenés el tuyo para que lo llames Duffy, Chiqui, Pats, Felipe o Sasha... o el nombre que elijas con tus papis.

Lo que nunca me animé a decirle a tu mami es que yo no quiero que sufras como la vi sufrir a ella cuando se murió Felipe.

Yo sé lo mucho que se puede llegar a querer a un perrito y lo mucho que se sufre si se enferma o se llega a morir. Morir quiere decir que nunca más lo vamos a ver, que nunca más va a hacer bau-bau, que no nos va a acompañar más cuando salgamos a pasear. No va a estar más entre todos nosotros. Justamente en el fondo de la quinta hay una plaquita con una inscripción que dice: "Felipe - 22.7.87".

Allí está su recuerdo aunque no lo nombremos.

¿Y si te regalo plantitas?

Sin darme cuenta por qué, desde que tuviste apenas meses de vida, yo te inclinaba sobre las flores para que le sintieras el perfume.

Me daba gusto verte la carita con la nariz fruncida,

cuando la flor te hacía cosquillas. Deseo que mientras crezcas al igual que las plantas, las sientas tan vivas como a los bau-bau y las acaricies y las huelas, porque las plantitas también son seres vivos, extienden sus raíces debajo de la tierra, vemos cómo se mojan cuando llueve, cómo se lastiman si cae granizo, pero cuando vuelve a salir el sol siempre se yerguen y nos alegran la vida con diferentes perfumes y colores.

¿Te parece que les regalemos sonrisas mientras las regamos, en señal de agradecimiento por lo mucho que nos embellecen la existencia?

Con amor,
Abibi

Pierina

Pierina tiene el pelo blanquísimo, muy suave, lacio y tomado en la nuca con un rodete que ella misma hace y deshace con habilidad. Hace y deshace: quizás sea ése el rasgo más destacable de esta mujer que un día, por propia decisión, se mudó a una lujosa residencia de ancianos en el Barrio de Belgrano, cansada quizás de hacerles marcar el paso a sus dos hijas, al hijo, a los hijos de los hijos... y a cualquiera que se pusiera a su alcance.

La muy buena pensión que mensualmente le envían desde Rapallo —en su Italia natal– le permite ser autosuficiente aún a sus 98 años. Y se la ve feliz. Pero nadie imaginaría que esta anciana afable es la misma mujer que durante la mayor parte de su vida atemorizó a la familia con su carácter dominante y autoritario, con sus palabras mordaces y desprovistas de ternura.

Frente a Ana Laura, la asistente social que un día la interroga, acerca de su 'transformación", Pierina devela el misterio:

"Un día miré el retrato de mi mamá, que tengo en la cabecera de mi cama, y me vi igualita a ella. Recordé.

Recordé, entonces a los figlios míos, cuando mamá venía a casa y ellos se escondían porque no querían besarla. Mi hija Vita lloraba: 'la nona es mala, mirá qué cara de mala tiene, siempre me dice que si me ensucio jugando me va a colgar de las patas como a una gallina y nunca voy a poder ver a Jesús'. Y los otros nietos también huían... Entonces me dije: yo no quiero que huyan de mí. ¿Vos sabés que los nietos son los ángeles de los viejos? Bueno, yo tengo 11 ángeles. Y ahora todos me besan."

Los gansos

Este relato se lo escuché a Mercedes durante un curso de Psicología Social para la tercera edad.

A principios de año no se había mostrado muy entusiasmada, pero aún así era colaboradora y solidaria dentro del grupo. Con dificultades, tristezas y momentos de alegría, llegó al final de ese difícil primer año para ella. Hacía dos que había perdido a su compañero después de 25 años de estar casada y dedicada a las tareas hogareñas.

Al finalizar el curso, cada uno de los alumnos debía mostrar sus logros a través de nuevas formas y estilos aprendidos. Y fue durante esta reunión que encontré una alegría inusual en los ojos de Mercedes. Cada uno iba contando historias de sus vidas. Algunos, las de sus nietos. Ella anunció que hablaría de los suyos.

Contó: "Al quedar sola, a pesar de tener hijos y nietos, yo me sentí morir. Desde el primer momento, mis dos nietos me acompañaron: me visitaban, trataban de distraerme. Uno de esos días, Javier me dijo:

'Abu, cuando nosotros éramos chicos vos nos contaste tantos cuentos que hoy, que te sentís tan sola por la muerte del abuelo, nosotros queremos contarte una historia a vos'".

Mercedes interrumpió su relato, desplegó un papel que hasta entonces había acariciado nerviosamente entre sus manos y compartió con nosotros el relato que le habían acercado sus nietos.

En otoño, cuando los gansos vuelan buscando mejores climas, hacen una formación en V.

La ciencia ha descubierto que vuelan de esa forma porque al batir sus alas producen un movimiento en el aire que ayuda al pájaro que va detrás de él.

Volando de esa forma la bandada completa, aumenta por lo menos un 71% más su poder, que si cada uno volara solo.

Cada vez que un ganso se sale de la formación, siente inmediatamente la resistencia del aire, se da cuenta de la dificultad de hacerlo solo y rápidamente regresa a su formación para beneficiarse del poder del compañero que va adelante.

Cuando el líder se cansa, se pasa a uno de los lugares de atrás y otro ganso toma su lugar.

Los gansos que van detrás graznan, para alentar a los que van adelante a mantener la velocidad.

Finalmente, cuando un ganso se enferma o cae herido por un disparo, otros dos gansos salen de la formación y lo siguen para protegerlo y ayudarlo.

Se quedan acompañándolo hasta que nuevamente está en condiciones de volar o hasta que muera, y sólo entonces vuelven a su bandada o se unen a otro grupo.

Cuando Mercedes terminó su lectura entre lágrimas que corrían por sus mejillas dijo: "Aquel día, yo

acaricié las cabezas de mis pichones, los abracé fuer-
temente y les dije: gracias por ayudarme a mantener-
me en vuelo".

Nietos y abuelos
sin nombre

El año pasado, mi nieto Pablo me eligió para un encuentro, en su escuela, entre los chicos y sus abuelos. Me dijo "¿sabés, abu? Juanchu tiene 11 abuelos". Yo no pude dejar de decirle que estaba equivocado. Me contestó que estaba seguro y que Juanchu dijo que tenía que elegir uno entre los 11.

Hice todo tipo de cuentas para llegar a esa cifra. Pensé: 2 abuelos por parte paterna, más 2 abuelos por parte materna, son 4. Supongamos que el papá y la mamá de Juanchu están separados y vueltos a casar, ahí aparecen 4 abuelos más, y son 8. ¿De dónde saldrían los otros 3? ¿Estaría Juanchu incluyendo a sus bisabuelos y tatarabuelos, o se trataría de nuevos abuelos, agregados de nuevos matrimonios de sus padres? En ese caso, ¿qué nombre tienen? ¿Cómo se llaman los "nuevos" abuelos? ¿Y cómo se llaman los "nuevos" nietos? Abuelos como los papás de los papás no son; no hay un vínculo sanguíneo, ¿entonces?

¿Serán abuelastros? ¿Abuelastras? ¿Y los nietos serán nietastros? ¿Cómo se llama el vínculo que me une a la hija de mi actual yerno (que es el esposo de mi hija, pero no el padre de los otros dos hijos de mi hija, y que va a ser el papá de mi nueva nieta)? ¿Qué clase de abuela soy yo para ella y qué clase de nieta es ella para mí? ¿Podremos llamarnos abuela y nieta, a secas? ¿Tendremos que adoptarnos y adaptarnos como tales? Recuerdo que hace poco estaba con esta joven en el hall de un teatro, cuando se acercó un amigo a saludarnos. Llegó el momento de presentarla y no atiné siquiera a llamarla por su nombre, perdida entre las dudas que me asaltaron respecto de nuestro parentesco. Al despedirnos, mi amigo dijo: *"Encantado, señorita"*, y yo me di cuenta de que esa ausencia de nombre para el vínculo la dejaba excluida de la familia.

Desde mi deseo, imagino que tal vez todo podría solucionarse con una declaración de amor, en la que yo y cualquier otro abuelo en esta situación, pueda y quiera decir: *"Me gustaría que me nombres abuela, porque yo tengo muchas ganas de nombrarte nieta"*.

¿Serán los nombres o los nuevos vínculos lo que hay que construir? Muchos vivimos esto como una tarea trabajosa, pero encontrar el nombre, armar ese vínculo, puede ser de gran ayuda para toda la familia.

Personalmente, comencé a hacer talleres y grupos de reflexión sobre estos temas y especialmente sobre algo que denomino "Abuelitud", cuando faltaban siete años para el siglo XXI. Me pareció que el cambio de siglo era lo que me movilizaba, y mucho. Hoy, a meses de finalizar el milenio, lo que yo pensaba entonces ya es pasado y corresponde a otra década. Los acontecimientos son vertiginosos, el zapping se está transformando en un recontrazapping, y ni siquiera nos detenemos a pensar lo que nos está pasando. Cuando lo hacemos, surgen los interrogantes. Y el interrogante es como el deseo: nos mantiene vivos y abiertos. Para que nos arriesguemos a construir nuevos vínculos... y encontrar cómo nombrarlos.

Abuelo y nieto

Julio es un abuelo de 64 años.
Tiene 3 hijos y 6 nietos.

— **¿Recordás cuándo empezaste a pensar realmente en ser abuelo?**

— Desde que mis hijas tuvieron novios. Cuando aparecieron mis nietos me convertí en abuelo y nieto a la vez porque me despertó algo dormido que era mi idea de nieto.

— **¿Qué sentiste cuando nacieron?**

— No me di cuenta de que ya era abuelo. Empecé a disfrutarlos al año. Ser abuelo me rejuveneció y lo pregoné por todos lados. Cada vez que mis hijas van a la sala de parto, yo siento que ese ser que van a parir es como una amenaza para la vida de ellas. Pero cuando ya han nacido los nenes, se convierten en criaturas amigas de mi vida y de la vida de mis hijas.

— **¿Te emociona pensar en eso?**

— Sí (llora). No puedo dejar de pensar: a ver si por culpa de este hijo de puta, le pasa algo a ella...

— **¿El abuelo que vos sos ahora se parece en algo a tus propios abuelos?**

— Nada en absoluto. Para mí, mis abuelos eran signo de vejez y muerte al poco tiempo. Es como que no había lugar para disfrutarlos.

— ¿Cuál era la relación de tus abuelos con vos?

— Bueno, de mi abuela materna sólo tengo recuerdos de mis cuatro años, hasta mis cuatro años, y una foto. De mi abuelo paterno sé de su sufrimiento por la guerra en donde luchó y murió. De mi abuela paterna, yo tenía la imagen de una mujer autoritaria, individualista y egoísta, pero ahora con los años, le he agregado lo de abuela atorranta.

— ¿Qué querés decir con eso de atorranta?

— Me divertía... Era atorranta... tenía novios... Hasta que se murió tuvo novios.

— ¿Y cómo fue ella con vos?

— No recuerdo haber tenido con ella un diálogo, una caricia. Un beso a veces, pero fríos. No sentía que ella me quisiera. A pesar de eso, yo le hacía siempre muchas bromas.

— ¿Cómo es tu relación con tus nietos?

— Hubo varias etapas. Hasta que ellos tuvieron alrededor de 5 años, tengo presente la adoración por mí. Cuando fueron más grandes, sentí agresión de ellos hacia mí. Ahora, nuevamente, toman en cuenta a su abuelo. Me joroban siempre diciéndome viejo, pero a la hora de jugar me toman como a un par.

— Ese pasaje de la adoración a la agresión y a ser tomado en cuenta ¿quién lo produjo?

— Fue de ambas partes. Reconozco que les exigí cosas de mayores. Además, no estoy de acuerdo con la educación que mis hijos les dan.

— ¿Dirías que se quiere a todos los nietos igual?

— No. A cada uno por cosas distintas. Ahora que tengo una nieta, sé que tengo la conquista asegurada durante muchos años.

— **¿Cambia la relación si los nietos son mujeres o si son varones?**

— Sí.

— **¿Por qué?**

— Porque las nenas se vinculan mejor conmigo... y se vinculaban mejor hasta que cumplí los 40, digo, las otras nenas. Después, no. Se acabó.

— **¿A los nietos se los quiere más que a los hijos?**

— Es una forma totalmente distinta de quererlos a unos y otros. No es quererlos más, se los disfruta más. Uno no tiene ciertas obligaciones y exigencias.

— **¿El ser abuelo produjo algún cambio en la relación de pareja?**

— Sí. La pareja se unió más. Vuelve a tener un punto más de contacto, los nietos.

— **¿Qué imagen les querés dejar?**

— Una imagen que ellos puedan algún día transmitir a sus hijos. Quiero dejarles un libro, una pintura, o alguna antigüedad valiosa porque las antigüedades valiosas van pasando de mano en mano y nunca son desechadas. Quisiera transmitirles alegría. No quisiera que me recordaran enfermo, sí quisiera que ellos continuaran alguna obra mía. Si escribo un libro, que lo lean...

— **¿Algún pensamiento se te repite, algo que te impacte, alegre o triste, por bueno o por desagradable?**

— Me angustia la idea de no llegar a conocer a los hijos de mis nietos... Me angustia mi muerte, más por lo que puedan sentir mis nietos que mis hijos, porque mis hijos ya son grandes y pueden comprender.

— **Me parece que has estado hablando de la tras-**

**cendencia... ¿Cuántas generaciones querés tras-
cender?**
— Mil.
— **En lugar de Julio, ¿no te llamarás Narciso?**

Orgullo de nieto
y viceversa

Enrique es un abuelo de esos que todos los miércoles, llueva o truene, se junta con sus amigos jubilados y protesta frente al Congreso. Lo han vuelto combativo los 240 pesos que obtiene mensualmente como "recompensa" por toda una vida de trabajo. A los 83 años, vive con su señora de 84 en la casa de su única hija, una empleada de comercio que lo ha hecho abuelo de dos varones, Luis y Juan Carlos. Este es su relato:

"A Luis no le importa nada de nada. Hace la suya y la madre le tiene que lavar hasta los calzoncillos. Con ése, ni contar. Pero el que es de oro es Juan Carlos, el más chico. No arruga nunca. Laburó como un beduino, fue rindiendo en la facultad y ahora se recibió de médico. Pobre Juanca. Padre, ni vio... Mi hija tuvo sus críos de soltera y la patrona y yo le pusimos el hombro. Así los chicos pudieron ir adelante.

Pero ahora, ¿qué hombro podemos poner? Mire cómo está mi hombro: no es reuma. Está torcido de tanto tenerlo encima a Méndez, como le decimos por aquí. Pero no me lo va a romper. A él se le va a romper con las relaciones carnales...

Pobre Juanca. Nos mantiene. Esa es la verdad: él nos mantiene. La abuela está jodida de la úlcera, y yo, de lo único que puedo trabajar es de puteador o de muerto en vida. Cuestión de elegir.

Juanca me dice: "Vos abuelo, no te hagas mala sangre. Acordate cuando me dabas los mangos para los apuntes de la facultad, para la milonga, para ir a Gesell con los muchachos... Eran otros tiempos, viejo. Y bueno, ahora yo te ayudo a vos y listo, ¡no se hable más!"

Sin embargo, a usted se lo puedo decir: con los hijos, vaya y pase. Pero con los nietos... a uno se le parte el corazón. Uno quiere ser importante para los nietos, que ellos se sientan orgullosos. Y de mí, ¿qué pueden pensar? Este viejo inútil que vivió al p... Disculpe, pero es que me agarra una cosa aquí, en la boca del estómago. A mí me gustaría poder ir al hospital Fernández, con un traje lindo, y decirle al de la puerta: soy el abuelo del Dr. Castro; dígale que aquí está su abuelo para invitarlo a comer a Pipo. O mejor, allá por Puerto Madero. Pero no es eso lo que pasa; aquí me tiene, protestando para no sentirme como un mendigo. Si no tuviera a mi nieto, me moriría de hambre. Y no me muero de hambre, pero me muero de vergüenza."

Enrique habló así frente a María de los Angeles, una estudiante de psicología de 21 años, que recogió su testimonio para este libro y experimentó la necesidad de contestarle desde el corazón, con palabras que seguramente abarcan el sentir de muchos nietos:

"Se equivoca, don Enrique. Los nietos estamos orgullosos de los abuelos como usted, que luchan y reclaman, sabiendo que si obtienen lo que merecen, se-

rán los que vienen detrás de ustedes quienes lo disfruten. Eso sí que es generosidad.

Don Enrique: ojalá algún día lea esto. Le hablo como una nieta, como la nieta de su amigo Vicente, que ya no puede venir cada miércoles a protestar frente al Congreso. A nosotros, los nietos, no nos importa que ustedes tengan el traje gastado y no nos puedan invitar a almorzar a Puerto Madero. A nosotros, lo que nos hace falta es tener abuelos con la dignidad intacta, enarbolando su mejor legado: la solidaridad, el coraje, el sentido de justicia y honestidad.

Usted no tiene de qué avergonzarse. Usted está indignado y preocupado, y a veces, triste. Pero solamente le falta el dinero. Y a nosotros, los buenos nietos de los buenos abuelos, nos da gusto dárselo si lo tenemos, a cambio de esa fortuna de ejemplos que viene de gente como usted, y que enriquece la condición humana."

Día del niño

Los hijos y los nietos son amados, si son amados, en presencia y en ausencia, en penas y festejos, todos los ratos, todos los días.

Pero hay un Día del Niño y uno puede no hacerle caso en absoluto al mandato comercial, pero puede, también, aprovecharlo para hacer más intensas algunas costumbres. Usar ese día, más allá de todos los obsequios que podamos o que no podamos comprar, para hacerles a nuestros nietos el regalo mayor: nuestro gusto por darles el gusto.

¿Cómo suele un niño divertirse más? Basta pensar que es cambiante, que su curiosidad reclama novedades, que la sorpresa es su alimento y que nuestra alegría sostiene su alegría.

Por eso me parece importante hacer una fiesta. Si no se puede conseguir esa fiesta con dinero, hagámoslo con buen ánimo, bromas, chistes, risas, música que ellos prefieran, ambiente colorido y si es posible, amigos, pares de sus tiempos.

Todavía recuerdo cuánto disfrutaron mis nietos con sólo cantar y bailar con sus amigos la canción que para ellos estaba de moda en ese momento.

Confieso, aunque sea algo personal, que siempre trato de sorprender a mis nietos como ellos me sorprenden a mí con tanta frecuencia.

A causa de eso, mi nieto Pablo me dijo en el último Día del Niño "abu, ¿cómo hacés para inventar siempre algo nuevo?"

Se lo veía tan feliz... Y me hizo a mí tan feliz...

Necesito el reconocimiento de ellos y me da por pensar que todos necesitamos reconocimientos. Pero, además, se me ocurre, así a lo abuela no más, que no sólo a los niños las sorpresas les dan placer. Creo que para los adultos es también importante y necesario el asombro. Eso permite no detenerse, renovarse.

La cuna vacía

Mi primer nieto se llamó Gastón y murió a los pocos días de haber nacido.

Durante largo tiempo, mientras escribía este libro, me debatí entre la necesidad de hablar de este tema y el impulso de silenciarlo.

Por un lado, me preguntaba: ¿qué derecho tengo a entristecer a quiénes no han atravesado esta experiencia? Al mismo tiempo, temía que ese dolor no expresado pudiera infiltrarse imprevistamente en cualquiera de mis reflexiones. Finalmente, opté por compartirlo. Quizás, quienes hayan vivido una situación similar, se sientan acompañados por estos pensamientos.

Es muy difícil poner en palabras lo que sucede en toda la familia cuando un recién nacido muere. Personalmente, por años, me persiguió la imagen de mi nuera yéndose del sanatorio para regresar a su casa sin su panza y sin su hijo, enroscada en su dolor y envuelta en una pañoleta de lana negra, como salida de un cuadro negro de Goya. A Gastón lo llevaron a la Chacarita. La vida continuaba, pero para mí, pasar cerca del Cementerio era conectarme con la tristeza aún en medio del trajín cotidiano.

Fue durante aquellos días tristes cuando registré por primera vez el difícil papel que nos toca a los abuelos frente a una pérdida de esta magnitud.

Lo primero que surge es la impotencia. Después de tanto tiempo de ilusiones y proyectos puestos en el bebé, nos enfrentamos a una gran imposibilidad: no podemos ofrecerles nada a nuestros hijos a cambio de su sufrimiento. Será por eso que los abuelos, si es que están cerca, suelen esforzarse por contener su propio dolor y sostener a los hijos así como a otros familiares y amigos muy queridos que llegan con preguntas y buenas intenciones que no siempre resultan oportunas.

Los abuelos se autoerigen en una barrera para que nada ni nadie perturbe a sus hijos en esos momentos en los que el cuerpo y el alma duelen.

Entre tanto ¿qué ocurre en el ánimo de ellos? ¿Será lo mismo en la abuela que en el abuelo? ¿o lo sexos diferentes marcan también diferentes reacciones? En general, se es abuelo a una edad mediana y junto con los años llegan las crisis existenciales propias de la edad, los planteos y replanteos de la pareja, el balance de lo acontecido, lo que ya no se puede y lo que sí se puede aún hacer, el reconocimiento de las propias limitaciones y potencialidades.

En ese contexto, la proximidad de la abuelitud trae renovadas esperanzas. Revitaliza. Pero si la expectativa se frustra, los abuelos necesitarán tiempo y madurez para elaborar ese duelo. La muerte del bebé aglutina o separa. Y toda la familia queda atravesada por el dolor de un proyecto que, esta vez, no pudo ser.

Adoptar un nieto

Augusta tiene 90 años y una hija que no ha sido
mamá. Sin embargo, ella se las ha ingeniado para
ser una "nona" de verdad.

— **¿Cuándo llegó usted a la Argentina?**
— A los 15 años, desde Calabria. Vine ya casada,
con otro calabrés que era como mi padre, tenía 32
años.
— **¿Y cómo la pasa ahora, en esta casa tan alegre, tan llena de luz y de música? Parece que así
vale la pena llegar a los 90.**
— Sí..., claro, pero la vejez es muy larga, dura demasiado.
— **Sin embargo, se dice que la vida entera es
tan corta...**
— La vejez sin nietos es muy larga. Por eso yo les
dije un día, a mi hija y a mi yerno, que había tomado
una decisión que me gusta. ¿Viste que uno puede
hacerse cargo de un chico del Patronato de la Infancia? Sólo hay que ir pagando una cuota. Bueno, yo
pago todo el año junto, para los alimentos y los estudios de un nene que se llama Gustavo.
— **¿Lo conoce?**

— La empleada que me acompaña me llevó al Patronato, y nos conocimos. Ese día Gustavo me aceptó un camión de regalos que le llevé. También voy a comprarle todo para la primera comunión y el casamiento... cuando se case.

— ¿Cómo es Gustavo?

— Tiene 10 años, es flacucho y morochito, como los de Santiago del Estero, o Tucumán. Es simpático, divino. Va a segundo grado y tiene un cuaderno limpito, hermoso, toca la flauta, juega al fútbol con el Nº 10... Siempre le doy monedas, y más que monedas. El me dio un ramito de flores de ésas que dan perfume, en una canastita, y también esta colonia. Sentí... ¿sentís que rica es? Gustavo es un nieto. Yo le dije que si quería, que me dijera abuela, y él me miró y no me dijo nada. Pero algún día, vas a ver que me lo dice. Porque yo voy a hacer todo lo que hacen los abuelos.

— ¿Y qué hacen los abuelos, Augusta?

— Quieren tanto a los nietos, que no tienen ganas de morirse nunca más.

El nuevo yerno

Me pregunto si el cariño por el nuevo yerno, que es el nuevo marido de mi hija, se irá afirmando y acrecentando, a medida que el tiempo construya una relación que está en sus comienzos.

Tarea difícil la que se nos plantea en estos casos, no por la falta de comprensión o de razonamiento, sino por el cúmulo de interrogantes que se van presentando y sobre los cuales nunca nos habíamos siquiera puesto a pensar.

No hago un juicio valorativo. Sólo digo que de pronto, los hijos nos plantan ante realidades que nosotros no hemos buscado; se han separado de su primera pareja, con la que ya tienen hijos, y constituyen un nuevo matrimonio o una nueva unión, de la que pronto nos entregan el regalo de otro nieto.

Los abuelos no somos quienes decidimos si queremos o no tener más nietos. Son los hijos los que deciden si desean ser padres o no. Y de esa decisión depende nuestra realización como abuelos.

Sea como fuere, lo concreto es que una nueva familia está naciendo y ése es el desafío al que nos enfrentamos.

Los padres necesitamos tiempo para acomodarnos a esta nueva situación. Es normal que tengamos dudas, interrogantes, miedos, esperanzas y expectativas respecto a ese yerno que acaba de ingresar a la familia.

Tal vez por un tiempo extrañemos la presencia familiar del otro yerno, aquel muchacho que ayudó a que fuéramos abuelos por primera vez. De lo que generalmente no dudamos es del amor por los nietos que nacen de ese segundo matrimonio.

A los abuelos nos toca acompañar y alimentar los nuevos vínculos para que crezcan, se fortifiquen y solidifiquen. Los abuelos no vamos a contribuir a la construcción de las nuevas familias desde el desacuerdo o creyendo que nuestra experiencia, que considero valiosa, sea suficiente para entender y atravesar los cambios que se producen a pasos agigantados. Escuchando, intercambiando y acordando con criterio y sentido común, podremos aceptar y ser aceptados.

La energía con la que podemos contribuir al buen armado de la nueva familia que nuestra hija ha elegido, no debería ser malgastada en consejos o sugerencias inútiles que no ayudan a construir esa gran empresa. Todos tenemos la capacidad de construir, pero un edificio con bases sólidas no lo logra cualquier constructor. Para eso no hay títulos que puedan obtenerse en la Universidad. Hace falta buena disposición para respetar al otro, para apoyarlo en sus buenas intenciones y cierta generosidad que nos permita el equilibrio entre lo que deseamos para nosotros y lo que los otros desean para sí mismos.

Cada nueva senda exige un nuevo esfuerzo. Como canta Serrat en los versos de Machado: "Caminante, no hay camino, se hace camino al andar".

Juventud de nuevo

Me doy cuenta de que el tema que ahora me hace reflexionar y descubrir sensaciones es mi abuelitud, pero no sólo lo que eso significa por sí mismo, sino, además, porque se me aparece, aunque suene contradictorio, como una nueva juventud.

Este sentimiento de abuelitud y juventud se ha apropiado de gran parte de mí.

Afortunadamente, siempre aparecen nuevas ocupaciones y preocupaciones. Eso me permite pensar, inventar, proyectar, disfrutar, ocuparme y también repensar. Y ahora ¿qué hago con esto nuevo que surge?

Me despierto, junto ideas, percepciones, emociones y sentires alrededor de lo mismo, busco mi cuaderno de apuntes (como el que usaba casi en el siglo pasado para hacer palotes) y escribo lo que se me ocurre. Y me apresuro porque tal vez el pensamiento puede no repetirse y no quiero perderme nada de lo que siento.

Pero debo reconocer que aunque se pierdan ideas y queden sin anotarse en mi cuaderno inseparable, surgen otras y otras, como a borbotones.

¿Podría encontrarme a la salida del colegio con las jóvenes mamás si no fuera por la oportunidad que me brindan mis nietos? ¿Podría estar al tanto de la música que escuchan hoy los jóvenes, si no fuera por ellos? ¿Con qué otra excusa me animaría a ver películas que son para ellos, pero que yo disfruto enormemente? ¿De qué manera me actualizaría acerca de la forma de criar un bebé, si no fuera porque alguna vez acompaño a mis hijos al pediatra?

Sin mis nietos ¿hubiera podido gozar nuevamente de empujar un cochecito, más orgullosa que conduciendo un último modelo de Mercedes Benz?

Preparar una mamadera, entibiarla y gotearla sobre el dorso de mi mano buscando la temperatura adecuada para el bebé... ¿sería posible otra vez, como antes, si no fuera abuela?

Si mis nietos no estuvieran aquí en mi vida, ¿hubiera podido yo recuperar el encanto de mecer un bebé, de cantarle un arroró, de dejarlo dormido en su cuna y desde allí, irme hasta la cama del más grande para sentarme en el borde a contarle un cuento mientras rasco su espalda hasta que queda dormido?

Las diferentes formas de amar que los abuelos tienen con sus nietos son las que me hacen pensar que la riquísima etapa vital de la abuelitud, trae consigo todas las posibilidades de una nueva juventud y la oportunidad de revivir las emociones marcadas en aquellos tiempos en que éramos jóvenes porque así lo decía el almanaque.

Tengo la certeza de que los abuelos que verdaderamente viven el rol con amor, lo hacen con una intensidad quizás mayor que cuando ellos fueron padres y estaban preocupados por el presente y el futuro de una incipiente familia.

El gran roble

Homero Cárpena, 87 años, actor y bisabuelo

— **Maduro y célebre, usted fue abuelo. Sus deseos para la vida de sus nietos ¿eran otros ya o los mismos que aquéllos que quiso ver cumplidos para sus hijos?**
– Los deseos hacia ellos, hacia las criaturas, sean nietos o sean hijos, tienen al menos dos facetas. Uno sabe que el oficio, que este trabajo de ser actor es demasiado expuesto. Uno se pasa la mitad de la vida aprendiendo a actuar y la otra mitad de la vida tratando de borrar todo eso para que no se note la rigidez del aprendizaje. Mientras tanto, uno se mete en la piel del malo, del bueno, del tonto, del lúcido, del perverso, del santo. Se sale y se entra de y a la realidad personal. Y se trata de ser equilibrado con las criaturas que son nuestros hijos y nuestros nietos. Entonces, uno desea que alguno de ellos herede ese fuego por el teatro, por el arte... pero al mismo tiempo, teme. ¿Cómo salvarlos de las espinas, del olvido, de la ingratitud? Quizás, piensa uno a solas aunque no lo diga, sería mejor que se dedicara a otra cosa...

Pero, claro, aquí dentro, el sentimiento empuja y, contra todas las razones, quiere que sean artistas... porque además, están las satisfacciones enormes de esta profesión. Y voy a decirle algo que tal vez la sorprenda: yo he tenido más temores por mis nietos que por mis hijas. No sé... pero es como si necesitara protegerlos a mis nietos de los infortunios... Por ejemplo, no tuve reparos ante Nora actriz. Estábamos en España, ella tuvo la oportunidad de hacer un reemplazo sobre el escenario... y yo estaba contentísimo y todo fue muy natural, sin aprensiones de mi parte, sin pensar tanto en lo que le esperaba, no por falta de amor sino por algo que no puedo explicar...

Usted debe saber que el teatro argentino es el más familiero del mundo. Nietos y bisnietos de actores y actrices van formando una gran familia teatral. No se corta pronto la tradición de actores como sucede en otros países. Le digo la verdad, un nieto mío arriba de un escenario me despierta sentimientos mucho más profundos y emotivos que mi hija. Es igual que si en el nieto uno se viera, para todo lo de la vida, más proyectado. Se advierte más la prolongación de uno en el tiempo... Uno se ve más lejos.

Pienso en el Siglo XXI y allí me veo en mis nietos. Allí están mi sangre y mis ilusiones... En ellos puedo ver a mayor distancia aún que desde mis hijos. Es igual que si todo lo mío volviera a empezar. Siento que podré participar, que en realidad ya estoy participando, del mundo en un futuro que ya no me pertenece.

— Para un hombre del espectáculo, con halagos, con admiradoras, con "vidriera" expuesta... ¿qué sentimiento produce debutar como abuelo?

– Jamás el sentimiento de que el público va a dejar de vernos atractivos...

Es decir, en mi caso por lo menos. Ocurre que yo he hecho trabajos de composición de personajes. He sido viejo y bajo el maquillaje, joven aún. Como no fui galán arriba del escenario, no sentí que ninguna admiradora me iba a abandonar por mostrarme abuelo.

— **¿Y qué tal fuera del teatro?**

– Ah, bueno, ésa es otra historia... que terminó cuando me casé con la que aún es mi amada esposa.

— **¿Quiénes han sido más exigentes con su talento, Homero? ¿Los hijos o los nietos?**

– No he sentido exigencias de una parte ni de otra. Siempre tuve una muy buena relación con todos. ¡Nos queremos tanto! Tengo tres hijas y sumo varios nietos y bisnietos y con todos he tenido un vínculo que me ha hecho sumamente feliz. Yo no soy un tipo de mal humor y soy muy alegre, lo que no es un mérito pero sí una condición que le agrada mucho, sobre todo, a los chicos.

— **Le ruego que nos cuente si con alguno de sus nietos comparte sus fantasías y sus ansiedades de actor.**

— Uno solo de ellos apunta a ser un lírico... No se ha hecho actor, pero le veo esa espiritualidad, ese interés por tanto de lo que siempre me interesó a mí. Pero eso no es lo importante, lo que sí me importa es que yo, siendo actor de aquellos tiempos —ahora todas las costumbres han cambiado— como el caracol con la casa a cuestas y trashumante, me perdí muchas cosas de mis nietos y de mis niñas, cosas que mi mujer pudo disfrutar plenamente. Pero hay compensaciones. Yo he sentido el orgullo de ellos por el abuelo con tanta vocación por el teatro y eso me hace muy feliz, puesto que, bueno... no resultó tan equivocada mi elección, ni mi oficio perturbó la unión de la familia.

– En la Casa del Teatro, que es una de sus ocupaciones generosas, hay muchos abuelos... ¿Hay también nietos que van a acompañarlos con frecuencia... o hay mucho olvido?

— Hay mucho olvido. No vienen... El abandono me aflige muchísimo, algunos tienen hijos y nietos. No vienen los hijos ni los nietos. Es más, con dolor e indignación le digo que hay nietos que por ahí aparecen para pedirles plata de lo poquito que los abuelos tienen. Pero quiero decirle, sin resentimiento, a manera de llamado... que no vienen a ver a los abuelos, los artistas, los que son sus pares. Los abuelos actores que viven aquí serían felices si de tanto en tanto vinieran a compartir con ellos un rato. Los abuelos esperan.

Nietos de sangre o nietos por edad deben saber que, como decía Vaccarezza, "esta Casa del Teatro es una hostería donde se hospedan los peregrinos del Arte".

— ¿Cómo le parece a usted que tiene que ser un abuelo con sus nietos?

— El abuelo es una especie de árbol, de gran roble que ha dado a su tiempo sus frutos. Ya no tiene fuerza para seguir dando tanta madera, ni tiene tanta savia para alimentarlos. Pero puede dar a sus nietos sombra, reparo y abrigo.

Tina

*Alberto, director de un instituto municipal de
geriatría, es el vocero de esta historia
que certifica un viejo refrán:
"nunca es tarde cuando la dicha es buena".*

"Casi todos los días, Tina —una lúcida y simpática
abuela de 82 años— venía a mi despacho a compartir
su dilema: 'Dos de los caballeros, doctor, me preten-
den, y yo me tengo que decidir pronto, porque si no,
me voy a quedar sin ninguno...'

Los dos caballeros eran Vicente, de 79 años, y Pedro, de 69. Ambos, viudos. Y ambos, enamorados de
Tina, que no vacilaba en afirmar categóricamente: 'A
mí siempre me gustaron más jóvenes que yo... No tengo ganas de cuidar viejos. Ya cuidé a mi marido. Son
muy maniáticos'.

Aunque Tina contaba con una familia numerosa -
cinco hijos, un nieto, tres hermanos menores casa-
dos—, con la que siempre se había llevado muy bien,
hacía ya siete años que había elegido vivir en este
hogar, 'libre y sin molestar a nadie'. En esos días de
enamoramiento descubrió que tenía razón: su familia no aceptó el tema de los pretendientes, y menos

aún, cuando 'el joven' Pedro comenzó a ganar terreno en el corazón de Tina. Yo me pasaba horas escuchándolos desfilar con sus quejas, incluyendo al cortejante descalificado.

Lo cierto es que, a pesar de todas las contras, Tina y Pedro se casaron en la capilla del geriátrico, y yo fui el padrino. Corría 1994.

El personal preparó una fiestita, una hermana del novio fue madrina, y todos disfrutamos con la música que nos regaló un conjunto de chicos de la zona, que a menudo vienen a tocar y cantar.

De la familia de Tina, nadie vino. Pero ella igual se mostraba como una campanita, hasta que una de las enfermeras, comenzó a cantar 'Gracias a la vida'. Ahí sí que aflojó la novia. Lloró con mucha congoja, dolida por la ausencia de su familia.

Todo cambió imprevistamente cuando vimos aparecer a Alexis, el único nieto de Tina. Venía con su pelo largo hasta la cintura tomado atrás en una colita, un ramito de flores en una mano, y un gran paquete en la otra.

Abuela y nieto se fusionaron en un largo abrazo, y finalmente ella abrió el misterioso regalo: era un inmenso oso panda. 'Nunca tuve uno, nunca tuve uno', decía Tina, entre lágrimas. El nieto la miró con ternura y le dijo: 'Vine a brindar por los novios, y por la abuela más loca, más enamoradiza y más joven del mundo'. Después, acompañó a los flamantes esposos al hotel de la otra cuadra, donde les regalaron su noche de bodas.

Era sábado. Al lunes siguiente, volvieron al instituto, y compartieron su dicha con nosotros hasta el último instante.

Tina murió, feliz, el día siguiente a la Navidad de 1996."

Desde la cabeza
y desde el corazón

Mientras fui abuela sólo de nietos varones, me pasó lo que a tantas: tomar hábitos que respondían a ciertas expresiones, preferencias, juegos y juguetes. No me imaginaba cómo sería pasar de la lucha entre fieros muñecos de historieta a la coqueta belleza de una muñeca que se baña, se viste, se pinta y hasta tiene chicos.

Entonces llegó mi primera nieta —hija de una de mis hijas— poniendo un toque diferente, pequeño como su tamaño pero fuerte como la vida nueva que traía.

Camila llegó a mi vida y me vistió de rosa. ¡Cuánto alboroto! ¡Cuánta alegría! Ella fue quien me acercó aún más a mi hija, reverdeciendo el vínculo entre las dos.

Los primeros tiempos pasé largas horas con mi nietita, disfrutando momentos de placer y de alegría, tratando también de encontrar a quién se parecía: ¿a su mamá? ¿a su papá? ¿qué color de ojos tenía? ¿eran como los míos? Yo también necesitaba que se pareciera a la abuela y creía ver rasgos dibujados por la herencia. Pero qué rápido cambian los bebés. Eso me desconcertaba. Así transcurrían mis visitas, hasta que hubo un día en que se rompió esa hermosa rutina que tenía con ella: se había ido con sus ocho meses perfumaditos y con chupete, a un jardín con muchos nenes que le gustaban y le hacían brillar los ojitos.

En aquel momento pensé que esta novedad me hacía feliz. Sabía que los papis y otros entendidos sostienen que a los bebés les hace falta jugar con sus pares y, desde la cabeza, yo compartía esto plenamente. Sin embargo, desde el corazón, aquella tarde de aquel día yo me encontré muy sola, sentada en el bar de la esquina, dándome cuenta que algo había cambiado para Camila, pero que el gran cambio inesperado y sorpresivo había sido en primer lugar, para mí.

Hoy en día, parece que nuestros nietos ya llegan al mundo con sus propios planes. Aún cuando todavía son bebés nos demuestran que no necesitan abuelos que les dediquen "la vida". Por eso es preciso que los abuelos conservemos con firmeza las actividades y los proyectos que teníamos y que, incluso, abramos nuevos caminos sin interrumpirlos, por pensar que tal vez, en algún momento, "ellos me van a necesitar". Quienes sienten que la abuelitud es un sacrificio, tarde o temprano pueden terminar "pasando factura", no solo a sus nietos sino también a sus hijos.

Si hacer cosas por uno mismo es ser egoísta, los abuelos tenemos derecho a serlo. Mientras tengamos nuestros propios proyectos, más logrados nos sentiremos y sólo así podremos tener y dar felicidad a los que más queremos.

La memoria viva

*Florencia tiene 22 años, estudia sociología y
pertenece a la Organización Hijos.
Fue criada por sus abuelos.*

**— Sé que tenés con vos a tu mamá pero no a tu
papá. ¿Tenés disposición para contarme por qué?**
Mi papá militaba en la UBA, como tantos estudiantes con ideales, pacíficamente, honradamente. Le faltaba una sola materia para recibirse de veterinario y
era profesor. Entonces sucedió todo y nuestras vidas
cambiaron y yo todavía quiero entender por qué, quiero saber, quiero justicia.

Un día, mi papá se dio cuenta de que lo vigilaban y
lo seguían. Era el año 1977. Llamó a mi mamá por
teléfono y le dijo que por esa razón, para evitar que lo
localizaran no iba a volver a casa por el momento. Al
salir de la veterinaria lo secuestraron. A los tres meses se publicó en los diarios que había habido un
enfrentamiento con guerrilleros y entre los caídos estaba mi papá. La mentira era una norma para el gobierno. Supimos que había estado en el Vesubio, torturado como miles en ese infierno. ¿Guerrillero? ¿desde los libros, desde la cátedra?

Dentro de esa pena enorme, empezaron a perseguir a mi mamá. Los amigos la protegían, la familia ayudaba, pero ella tenía que ir de un sitio a otro. Ahora que soy mayor, me doy cuenta de la angustia y a la vez el coraje que debe haber tenido ella en aquellos años para seguir hacia adelante con la familia mutilada, sin el hombre con el que se amaban muchísimo y con una pequeña como yo con la que no podía vivir porque peligrábamos las dos.

Así fue como mis abuelos se hicieron cargo de mí. A pesar de que siempre hubo contacto con mi mamá y ella jamás me abandonó, pasé la infancia en casa de mis abuelos.

Hicieron diez allanamientos en nuestra casa y en la casa de mi abuela paterna. Robaron muebles, dinero, libros, discos, montones de discos, de música folclórica que le gustaba tanto a mi papá. Robaron todo... saquearon y dejaron por todos lados papeles con cruces invertidas, insultos y amenazas que decían: esto le va a pasar a tu hija. Y ahí, mis documentos de beba, rotos en pedacitos, como un símbolo tal vez, igual que si dijeran: rompo tu vida, rompo tu identidad. Y algo de eso o mucho de eso es verdad. A uno, así, lo rompen en pedazos. Después, todo es buscar, pedir, reclamar, tratar de comprender tanta perversidad, por qué, por qué, por qué... y andar reconstruyendo la imagen que no podés recordar pero que tus abuelos y los amigos te van devolviendo con anécdotas, gestos evocados, palabras que decía tu papá, hasta cómo se paraba o caminaba.

Primero, estuve un mes con mi abuela paterna que entonces ya era viuda. Después, ya me fui a quedar con los abuelos maternos.

¿Sabés? Es algo muy particular lo de la mamá de mi papá. Siempre, desde que él fue secuestrado, tuvo más apego por sus otros nietos. A mí, bueno, no es que me haya rechazado, pero como si... no sé... No se apegó más a mí cuando desapareció su hijo. No. Yo soy tan parecida, a él, tanto... Miro las fotos, todos me lo dicen... Soy muy, muy parecida cada vez más.

— **Quizás por eso mismo tu abuela no te rechaza, pero no se acerca más frecuentemente a vos porque le es doloroso...**

— Sí, yo también lo pensé. En ocasiones, casi siempre, siendo el hijo de un desaparecido, sos lo que le queda a la mamá, sos la prolongación de su hijo, quiere tenerte cerca para mantener en vos al hijo perdido. Parece que con el nieto, algunos abuelos calman algo su dolor. Pero a veces...

— **¿Duele?**

— Ya no. Al principio puede ser. Después entendés. Yo entendí. Mi abuela, esa abuela, es buena, es noble, hizo de todo por encontrar a su hijo, sé que me quiere mucho, pero tal vez se defiende de los recuerdos dolorosos, puedo entenderla. Si es así, no se lo reprocho.

— **¿De qué manera transcurriste la niñez entre una mamá que veías casi clandestinamente o en los fines de semana... y tus abuelos con sus propios temores?**

— Es algo complejo. Yo tenía dos madres en lugar de una madre y una abuela. No tenía papá. Pero tenía un abuelo que hizo lo que le dictaba su corazón y su mente de papá. Claro, tu abuelo hace de papá y sigue siendo tu abuelo. Tu papá está siempre allí en tu corazón como un sentimiento que no querés perder aunque te duela. El abuelo te protege y te lleva y te va a buscar y juega con vos y te cuenta cuentos y te da consejos. Todo como tu papá y hasta tal vez, más. Pero tu papá sigue siendo una necesidad y aunque tu abuelo te dé lo mejor, no es papá. Te hace falta la generación que está allí próxima, la del padre. Te hace falta el compañero de tu mamá, el hombre joven para consultar, para dialogar de los problemas y los proyectos, para que vaya a las reuniones del colegio o para que te rete también. Da seguridad. A los abuelos los ves envejecer antes. Te duran menos tiempo. Los adorás... pero... tus padres pueden hasta ser menos valiosos, pero son tu identidad y tu referencia cercana. Los abuelos son la compañía, el juego, los consentimientos, también protección, sí. Los padres, ah, los padres son como una columna. Siempre, siempre, a pesar de todo lo maravilloso que fue mi abuelo conmigo, tuve nostalgia de papá.

— **¿Cómo ayudaron —o no— tus abuelos a sostener intacta ante vos, la figura de ese papá que no podés recordar por vos misma?**

— Ayudaron, ayudaron de manera fundamental. Ayudaron a reconstruir su figura sólo ausente con el cuerpo, se preocuparon por decirme quién era y cuál era su calidad personal, me hablaron de sus sueños, su idealismo por un mundo más justo, sus acciones solidarias, la valentía y la firmeza de sus convicciones, su amor por mí y por mi mamá. Me contaron cómo era de niño y de adolescente. Lo mantuvieron vivo en mí y en todas las cosas de mi vida.

Mi mamá hizo lo mismo. Los amigos, sus pares, también.

Pero creo que la diferencia entre los abuelos y los más jóvenes está en gran parte, en esto: los abuelos te hablan del pasado y los padres jóvenes te hablan del futuro como una proyección del que ya no está. Ponen vida a la muerte.

Me da la impresión de que los abuelos ponen melancolía, por más vitales que sean. Y todos, de seguro, algunas lágrimas, algunas risas cada vez que se lo nombra recordando cosas graciosas y muchos recuerdos que te llegan más alegres cuando vienen de parte de los jóvenes que convivieron su militancia o sus diversiones o su trabajo.

— **¿Todos los abuelos se han hecho cargo de sus nietos en casos como el tuyo o semejantes al tuyo?**

— No, no todo es tan bueno. Hubo abuelos que no quisieron. Hubo familias que se pelearon. Padres de un desaparecido que se pelearon con los padres del otro desaparecido de la pareja. Creo que a veces el miedo es muy fuerte y hasta incontrolable. Los nietos eran una marca. Los abuelos que se hicieron cargo, fueron incomparables.

Fijate, te cuento algo que habrán tenido que sufrir mis abuelos, de seguro, encima de todo, añadido a lo demás. Me acuerdo que yo iba a la escuela primaria pública... y tuve una directora que me decía "la guerrillera" y me apartaba... Yo tenía ¿seis, siete, diez? Da lo mismo. Lo que se sufre es inexplicable. Eso lo vivieron también mis abuelos.

— **Te invierto la pregunta anterior, Florencia ¿Muchos nietos, ya crecidos, se han hecho cargo de sus abuelos?**

— Muchos, muchos, los conozco.

— **¿Una carga muy agobiante en ausencia de los hijos que serían los naturales encargados de los abuelos enfermos o quizás, económicamente incapacitados?**

— No, no veo así a los nietos de esos abuelos que los criaron con todo el dolor y la responsabilidad de no tener ya a sus hijos. Por el contrario, más de los que te imaginás, están cuidando a sus abuelos. Y no sienten carga ni agobio. La única carga que tienen es la de la pena de saber que los perderán pronto. Son muchas pérdidas. Son muchas. Tienen poco más de

20 o 30 años y conocen ya las pérdidas más grandes de la vida. Un despojo tras otro despojo.

Mis abuelos me dieron todo lo que pudieron y más también. Los quiero incondicionalmente. Me son necesarios como mi mamá aunque de otro modo, como mi papá pero de otro modo. Como debe ser.

Nuestros abuelos han padecido tanto con la violencia puesta sobre sus hijos, que quieren con todo el corazón, una vida de estudio, de amigos, de seguridad, de democracia, de derechos humanos no violados.

— ¿Y ahora, Florencia? ¿Ahora qué devolver, si tenés voluntad de hacerlo, a esos abuelos encomiables, como decís?

Yo quiero que mis abuelos tengan la seguridad de que el dolor que soportaron con tanta dignidad, será honrado por mí. Yo no olvidaré. No quiero olvidar. No perdonaré. Mis abuelos deben estar seguros de que yo mantendré la memoria y continuaré la vida con todo lo mejor que tienen mi papá y mi mamá, ese papá siempre entre nosotros igual que si estuviera aquí ahora.

— ¿Qué te ha hecho tan decididamente inclinada a la lealtad y a la equidad?

— La madre y los abuelos que tengo, son la respuesta a tu pregunta. Me educaron en el bien. Ahora, en este tiempo, ya mayor de edad, me hago cargo de mí misma pero eso sí, la base, la contención, fue obra de ellos.

De alegrías y temores

¿Qué es ser abuelo? ¿Es, entre muchas otras cosas, tener ganas de estar con los nietos, acariciarlos y estrujarlos? ¿Es sentirse desbordado por un sentimiento que se instala en el costado izquierdo del pecho y se expande por todo el cuerpo y se adueña de los sentidos?

¿Por qué, junto a la inmensa alegría de amor por nuestros nietos, algunos abuelos también tenemos miedo?

Se me ocurre que siempre que amamos mucho, sentimos temor de perder al objeto de nuestro amor. Miedo a que se enferme, a que tenga un accidente, a lo que le pueda pasar en sus viajes escolares o adolescentes; miedo a la influencia de las malas compañías... Los abuelos podemos temer, también, que el nieto no logre vincularse bien con sus pares, o que seamos nosotros quienes no encontremos la forma de vincularnos bien con ellos, de darnos cuenta de sus necesidades vitales, de saber escucharlos. Por último, y por qué no, existe en muchos abuelos el temor a no ser tomados en cuenta a medida que los nietos crecen y encuentran nuevos horizontes.

Personalmente, confieso que comparto algunos de estos temores. Sin embargo, puesta a reflexionar en este tema, sé que lo que más deseo es que mis nietos sean felices y que, en todo caso, temo las dificultades que interfieran en ese camino.

Uno de los temas que recurrentemente aparece en los Grupos de Reflexión y talleres de abuelos, es precisamente éste: el de los miedos tan cercanos al gozo y a la dicha que dan los nietos, el de esos confusos sentimientos que van y vienen en nuestro ánimo, llegando incluso a entorpecer el disfrute.

Lo peor que podemos hacer los abuelos en estos casos, es abrumar a los hijos y nietos con nuestras angustias. Sí podemos compartirlas con nuestra pareja, si la tenemos, o con nuestros amigos, para entender en conjunto las etapas que nos toca vivir.

¿Sabremos aprender los nuevos códigos de comunicación entre los nietos y nosotros, o bastarán los eternos y perdurables códigos del afecto, más allá de todo aquello a lo que nos expone la modernidad?

Epílogo

A los abuelos que leyeron este libro, quienes pudieron acordar y disentir, sonreír y entristecerse, identificarse o no, los invito a desplegar sus propios potenciales creativos.

Escribir un libro, pintar, hacer música, aprender a contar cuentos, cantar... Muchas son las posibilidades si nos damos permiso.

Los nietos nos miran: que esa mirada encuentre en nosotros no solo la sabiduría del pasado sino la plenitud de un presente en el que nos sentimos acompañados y podemos acompañar.

Indice

Impreso en
A.B.R.N. Producciones Gráficas S.R.L.,
Wenceslao Villafañe 468,
Buenos Aires, Argentina,
en diciembre de 1999.